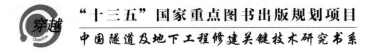

"十三五"国家重点图书出版规划项目

中国隧道及地下工程修建关键技术研究书系

胡麻岭富水弱胶结砂岩隧道施工技术

周 烨 何志军 朱永全 等 编著

人民交通出版社股份有限公司
China Communications Press Co.,Ltd.

内 容 提 要

本书主要介绍胡麻岭富水弱胶结砂岩隧道施工技术。全书共九章,主要内容包括:胡麻岭隧道工程概况,第三系富水弱胶结砂岩地层特征和围岩工程特性,软流塑状围岩失稳机理,施工方法试验与选择,施工降水与围岩疏干技术,大埋深软流塑地层围岩加固技术与工法,隧底围岩扰动液化综合治理技术,风险控制与管理技术等。

本书可供隧道及地下工程建设管理、设计、施工的工程技术人员学习参考,同时可作为相关院校师生的学习资料。

图书在版编目(CIP)数据

胡麻岭富水弱胶结砂岩隧道施工技术 / 周烨等编著. — 北京:人民交通出版社股份有限公司,2018.5
 ISBN 978-7-114-14589-6

Ⅰ.①胡… Ⅱ.①周… Ⅲ.①山岭隧道–隧道施工 Ⅳ.①U459.4

中国版本图书馆 CIP 数据核字(2018)第 053836 号

穿越——中国隧道及地下工程修建关键技术研究书系

书 名:	胡麻岭富水弱胶结砂岩隧道施工技术
著 作 者:	周 烨 何志军 朱永全 等
责任编辑:	王 霞 谢海龙
责任校对:	赵媛媛
责任印制:	张 凯
出版发行:	人民交通出版社股份有限公司
地 址:	(100011)北京市朝阳区安定门外外馆斜街 3 号
网 址:	http://www.ccpress.com.cn
销售电话:	(010)59757973
总 经 销:	人民交通出版社股份有限公司发行部
经 销:	各地新华书店
印 刷:	北京印匠彩色印刷有限公司
开 本:	787×1092 1/16
印 张:	10.75
字 数:	300 千
版 次:	2018 年 5 月 第 1 版
印 次:	2018 年 5 月 第 1 次印刷
书 号:	ISBN 978-7-114-14589-6
定 价:	68.00 元

(有印刷、装订质量问题的图书由本公司负责调换)

编写委员会

主　　任：熊春庚　何志军　赵国旗

副主任：王庆林　孙韶峰　魏洲泉　曲桂有　宫建岗
　　　　李　雷　冀聪明　张有生　舒丽红

主　　编：周　烨　何志军　朱永全

副主编：陈东杰　刘俊成　杨木高　王胜国

编　　委：解方亮　尚尔海　朱元生　朱　宝　毕德灵
　　　　袁维瑜　牟　杰　高勤运　林安宁　卫鹏华
　　　　冷广川　孙成刚　杨喆坤　龚　鹏　张　勇
　　　　吴　晨　李绍杰　刘君堂　彭　峰

序

CONSTRUCTION TECHNOLOGY FOR HUMALING WATER-RICH WEAK-CEMENTED SANDSTONE TUNNEL

在国家重点铁路干线兰渝铁路的建设中，以胡麻岭特长铁路隧道为代表，陇东区、陇西盆地集中出现了第三系富水弱胶结砂岩。第三系富水弱胶结砂岩沉积地质时代距今 250 万～2400 万年，成岩性差，泥质弱胶结，结构脆弱，遇水浸润（泡）或长时间暴露极易产生结构破坏，由于砂岩复杂的水稳特性，加之施工扰动，很快变成松散的砂状，砂岩渗水后很快达到饱和状态，围岩发生塑性流坍、滑移或产生外挤现象。对此，国内外知名专家、学者曾多次现场考察，专题论证，将本项目段列为"国内罕见、世界性难题"。

胡麻岭特长铁路隧道的成功建设，是第三系富水弱胶结砂岩隧道建设的代表性作品，凝聚了参建者的艰辛、智慧与奉献。

书中介绍了胡麻岭富水弱胶结砂岩隧道施工技术与实例，主要内容包括：胡麻岭隧道工程概况与设计，第三系富水弱胶结砂岩地层特征和围岩工程特性，软流塑状围岩失稳机理，施工方法试验与选择，施工降水与围岩疏干技术，大埋深软流塑地层围岩加固技术及工法，隧底围岩扰动液化综合治理技术和风险控制与管理技术等。

当前隧道建设亟待一本大埋深软流塑地层、流砂地层隧道建设的技术专著，本书的及时出版，相信对第三系富水弱胶结砂岩地层隧道、大埋深流砂地层隧道建设问题的处理具有指导意义和参考价值。

伴随高速铁路网建设的不断推进，"交通强国"战略和"一带一路"倡议的深入实施，第三系富水弱胶结砂岩地层隧道、大埋深流砂地层隧道建设将越来越多。为此，我们需要提高软流塑地层和流砂地层隧道修建技术，创新施工工法，大幅提升软流塑地层和流砂地层等不良地质隧道的建设水平，为中国铁路隧道建设技术的发展与进步贡献力量。

2017 年 12 月

前言

CONSTRUCTION TECHNOLOGY FOR HUMALING
WATER-RICH WEAK-CEMENTED
SANDSTONE TUNNEL

  胡麻岭隧道是兰渝铁路干线的重点工程，隧道全长 13.61km，其中有 3.25km 穿越第三系饱和富水弱胶结砂岩地层，形成众多大小不等的水囊，受施工扰动的影响，围岩液化十分严重，涌水、流砂等安全隐患突显，该项目段被专家列为"国内罕见，世界性难题"，全路"头号重点工程"。

  2008 年至今，我们先后立项开展了"胡麻岭富水弱胶结砂岩隧道施工技术研究"、"浅埋偏压软流塑状围岩隧道综合施工技术研究"、"饱和弱成砂岩隧道挑高段综合施工技术研究"和"大断面高地应力软岩隧道大变形控制综合技术"等，取得了一系列丰硕成果。

  本书系统总结了胡麻岭富水弱胶结砂岩隧道施工技术与建设经验，介绍了胡麻岭隧道工程概况与设计，第三系富水弱胶结砂岩地层特征和围岩工程特性，软流塑状围岩失稳机理，施工方法试验与选择，施工降水与围岩疏干技术，大埋深软流塑地层围岩加固技术与工法，隧底围岩扰动液化综合治理技术和风险控制与管理技术。

  本书由周烨、何志军、朱永全、陈东杰、刘俊成、杨木高、王胜国等撰写，书中引用了设计方案、技术交底、施工组织设计和研究论文资料，引用了"浅埋偏压软流塑状围岩隧道综合施工技术研究"、"饱和弱成砂岩隧道挑高段综合施工技术研究"和"大断面高地应力软岩隧道大变形控制综合技术"成果报告资料。书中的成果凝聚了王庆林、李国良、刘国庆、肖广智、张民庆和任成敏等国内专家及建设、设计、施工等一线工程技术人员的辛劳与智慧。在此，要感谢以上同志在提供资料和文字编写过程中所提供的帮助。

  本书理论与实践并重，经典理论、方法与现代新技术、新方法相结合。为第三系富水弱胶结砂岩地层隧道、大埋深流砂地层隧道建设提供参考，可供工程技术人员和在校研究生阅读参考。

  由于时间仓促，水平有限，仍有不少错误和不足，恳请专家和读者批评指正。

作　者

2017 年 12 月

CONSTRUCTION TECHNOLOGY for HUMALING
Water-rich Weak-cemented
Sandstone Tunnel

目录

第一章　胡麻岭隧道工程概况 ·············· 1
　第一节　工程概况 ·············· 1
　　一、兰渝铁路概况 ·············· 1
　　二、胡麻岭隧道概况 ·············· 1
　　三、第三系弱胶结砂岩地层概况 ·············· 3
　　四、第三系弱胶结粉细砂岩地层特性 ·············· 3
　　五、饱和弱胶结砂岩隧道施工中的主要技术问题 ·············· 5
　第二节　勘察设计 ·············· 5
　　一、勘察依据、方法及经过 ·············· 5
　　二、完成的工作量 ·············· 5
　　三、主要地质特征描述及围岩分级 ·············· 6
　第三节　施工过程中的地质工作 ·············· 7
　　一、补充地质勘察 ·············· 7
　　二、专家研讨 ·············· 7
　　三、科研攻关 ·············· 7

第二章　第三系富水弱胶结砂岩地层特征和围岩工程特性 ·············· 9
　第一节　物理性能试验 ·············· 9
　　一、颗粒组成 ·············· 9
　　二、含水率 ·············· 10
　　三、密度 ·············· 10
　　四、固结系数 ·············· 10
　　五、渗透系数 ·············· 11

第二节　力学性能试验 ·· 12

  一、单轴抗压强度 ·· 12

  二、剪切强度 ·· 15

  三、蠕变强度 ·· 16

 第三节　地层特性 ·· 24

  一、工程地质特性 ·· 24

  二、地层性态变化特性 ··· 24

 第四节　围岩工程特性 ·· 25

  一、围岩汗状渗水 ·· 25

  二、围岩呈流塑状 ·· 25

  三、围岩呈涌水、流砂状 ··· 26

  四、围岩扰动液化 ·· 26

 第五节　前期施工涌水、流砂情况及困难 ····························· 28

  一、1号斜井重庆方向正洞 ··· 28

  二、2号斜井兰州方向正洞 ··· 28

第三章　软流塑状围岩失稳机理 ·· 30

 第一节　围岩含水率与稳定性的关系 ···································· 30

  一、降水前后围岩含水率测定 ·· 30

  二、降水前后围岩变形监测数据分析 ·································· 33

  三、降水前后施工进度对比 ·· 34

 第二节　软塑状围岩掌子面汗状渗水 ···································· 35

  一、汗状渗水产生的机理 ··· 35

  二、汗状渗水条件 ·· 36

  三、汗状渗水特性 ·· 37

  四、汗状渗水的危害 ·· 38

  五、汗状渗水治理的综合降水技术要点 ······························ 39

 第三节　流塑状围岩变形挤出 ·· 39

  一、流塑状态的表现 ·· 39

  二、流塑状态产生的机理 ··· 39

  三、流塑状态形成的条件 ··· 40

  四、流塑状态形成因素 ··· 40

  五、流塑状态危害 ·· 42

  六、流塑状态围岩注浆固结技术要点 ························· 42

 第四节 流砂状围岩涌水、流砂 ································· 43
  一、涌水、流砂状态的表现 ····································· 43
  二、涌水、流砂机理 ··· 43
  三、富水弱胶结砂岩地层涌水、流砂形成因素 ····················· 46
  四、涌水、流砂危害 ··· 46
  五、涌水、流砂预防技术要点 ··································· 47

第四章 施工方法试验与选择 ··· 49
 第一节 施工方法的选择过程 ····································· 49
 第二节 盾构法方案研究 ··· 50
  一、盾构法适应性分析 ··· 51
  二、盾构法施工设计 ··· 52
  三、盾构法施工围岩稳定性分析 ································· 58
  四、风险及存在问题 ··· 61
 第三节 冻结法方案研究 ··· 61
  一、整体方案 ··· 61
  二、施工工艺流程 ··· 62
  三、冻结帷幕设计 ··· 63
  四、制冷系统设计 ··· 67
  五、冻结施工 ··· 68
  六、冻胀与融沉控制 ··· 69
  七、风险及存在的问题 ··· 69
 第四节 矿山法可行性分析与开挖方法确定 ······················· 70
  一、盾构法和矿山法适应性比较 ································· 71
  二、矿山法可行性理论分析 ····································· 73
  三、矿山法适应性研究 ··· 75
  四、大埋深软流塑地层围岩加固技术与工法 ····················· 76

第五章 施工降水与围岩疏干技术 ····································· 77
 第一节 洞内降水短距离围岩疏干技术 ··························· 77
  一、轻型井点负压降水的基本原理 ······························· 77
  二、洞内真空井点围岩疏干技术 ································· 78
  三、洞内轻型井点施工工艺 ····································· 80

四、效果分析 ··· 81

第二节　超前导洞降水长距离围岩疏干技术 ································· 81

　　一、目的 ··· 81

　　二、导洞降水及施工方案 ··· 81

　　三、超前导洞和辐射降水技术 ·· 81

　　四、效果分析 ··· 82

第三节　低渗透性地层地表深井降水技术 ···································· 82

　　一、低渗透性地层地表深井降水试验 ···································· 82

　　二、7号竖井地表深井降水 ·· 84

　　三、井深100m以下地表深井降水 ······································· 86

　　四、井深100m以上的地表超深井降水试验 ··························· 89

　　五、洞内外综合降水 ··· 97

第六章　大埋深软流塑地层围岩加固技术与工法 98

第一节　浅孔双液回退劈裂注浆辅助施工技术 ····························· 98

　　一、目的 ··· 98

　　二、双液回退劈裂注浆技术 ·· 98

　　三、应用效果 ··· 99

第二节　超细水泥注浆技术 ·· 100

　　一、目的 ··· 100

　　二、注浆材料 ··· 100

　　三、径向注浆技术 ··· 101

　　四、注浆效果检查评定标准 ·· 102

第三节　超前振动插管地层预扰动注浆加固技术 ························· 102

　　一、技术特点 ··· 102

　　二、工艺原理 ··· 102

　　三、工艺技术 ··· 103

　　四、应用实例及效果 ··· 104

第四节　超前帷幕注浆加固技术 ··· 105

　　一、帷幕注浆加固技术 ·· 105

　　二、帷幕注浆施工工艺 ·· 107

　　三、帷幕注浆效果分析及评价 ·· 109

第五节　第三系砂岩斜井挑高段施工技术 ································· 112

一、技术简介 ··· 112
　　二、挑高段施工方案比选与确定 ··· 112
　　三、直接进入正洞横向贯通单侧喇叭状挑高技术 ······················ 117
　　四、小结 ··· 120

　第六节　双侧壁和 CRD 工法 ··· 120
　　一、双侧壁工法 ·· 120
　　二、CRD 工法 ··· 124

　第七节　浅埋段隧道地表旋喷加固技术 ·· 125
　　一、技术特点 ·· 125
　　二、地表竖直旋喷加固方法 ··· 126
　　三、施工工艺及技术 ·· 126
　　四、施工效果及评价 ·· 126

第七章　隧底围岩扰动液化综合治理技术 ··· 127
　第一节　饱和弱胶结砂岩液化特性 ··· 127
　　一、扰动液化概念 ··· 127
　　二、扰动液化机理 ··· 127
　　三、饱和弱胶结砂岩施工扰动液化现象 ··································· 128

　第二节　饱和弱胶结砂岩在施工扰动下的液化判定 ························· 130
　　一、扰动液化的主要影响因素 ·· 130
　　二、液化判定 ·· 131
　　三、扰动液化的危害 ·· 132

　第三节　饱和弱胶结砂岩运营动载下振动液化分析 ························· 132
　　一、模型的建立 ·· 133
　　二、计算结果与分析 ·· 136

　第四节　扰动液化综合治理技术 ·· 137
　　一、施工降水 ·· 137
　　二、围岩注浆 ·· 137
　　三、基底换填 ·· 137
　　四、其他措施 ·· 137
　　五、治理效果 ·· 137

第八章　风险控制与管理技术 ·· 139
　第一节　安全管理技术 ··· 139

一、技术方案可靠 ··· 139
二、施工工艺严谨 ··· 139
三、安全技术措施完善 ·· 142
四、安全保证措施有效 ·· 143

第二节　质量管理技术 ··· 145
一、施工过程质量监控的范围及重点 ·· 145
二、质量监控的方法与手段 ··· 145
三、质量管理制度 ··· 146
四、关键工序质量控制技术措施 ·· 146

第三节　施工组织与信息化管理技术 ·· 150
一、双侧壁工法施工组织 ··· 150
二、信息化管理技术 ·· 151
三、建立现场联合工作组机制 ··· 151

第九章　结论 ·· 153
一、第三系富水弱胶结砂岩的地层性质和围岩工程特征 ····················· 153
二、第三系粉细砂岩隧道围岩含水率与稳定性的关系 ························· 154
三、第三系富水弱胶结砂岩地层降水疏干与注浆加固围岩的多分部施工方法 ······ 154
四、渗透性极低地层洞内外施工综合降水技术 ···································· 155
五、大埋深软流塑及流砂地层的围岩加固技术和工法 ························· 156
六、存在问题及展望 ··· 156

参考文献 ·· 158

第一章 胡麻岭隧道工程概况

兰渝铁路是我国西南、西北之间最便捷、快速的通道,该线北接兰新、包兰、兰青、陇海铁路,南连宝成、襄渝、达成、渝怀、沪汉蓉铁路,是我国《中长期铁路网规划(2008年调整)》中的重要铁路干线。胡麻岭隧道长度大、地质复杂、施工风险高,是兰渝铁路的关键性控制工程。

本章介绍兰渝铁路和胡麻岭隧道工程概况、第三系弱胶结砂岩地层特性概况及主要工程技术问题,同时介绍勘察设计过程和施工过程中的加深地质工作。

第一节 工程概况

一、兰渝铁路概况

为了加快西部经济发展,带动沿线地区脱贫致富,改善民生民计,实现西北和西南地区优势互补,保障西部大开发战略的顺利实施和全面建成小康社会目标的顺利实现,中国铁路总公司和甘肃、四川、重庆三省市决定投资建设兰渝铁路。兰渝铁路北起甘肃省兰州市枢纽,经渭源、岷县、宕昌县、陇南市(武都区),经过陕西省宁强县进入四川省,经广元市、苍溪县、阆中市、南部县、南充市(顺庆区)、武胜县至重庆市合川、北碚,是西南西北之间最便捷、快速的通道(图1-1-1)。

二、胡麻岭隧道概况

胡麻岭特长隧道是兰渝铁路的关键性工程,位于甘肃省榆中县、定西市境内,全长13611m,设计为客货共线双层集装箱,开通时速160km,线下预留200km/h,为双线大断面隧道,最大开挖断面165m^2,如图1-1-2所示。隧道原设计地质以砂岩为主,设计有4座斜井。其中3、4斜井在施工中遇到了第三系弱胶结饱和粉细砂岩地层,其成分以石英为主,呈黄色、橘黄色,粉细粒结构,泥质弱胶结,局部夹有砾岩薄层,成岩作用极差,属极软岩。该地层施工难度极大,进度缓慢。因满足不了工期要求,先后增加了5号、7号、8号三个辅助坑道,其辅助坑道设置如图1-1-3所示。

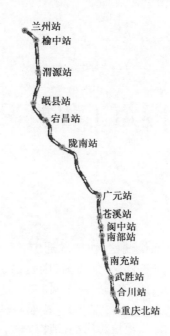

图 1-1-1　兰渝铁路线路示意图

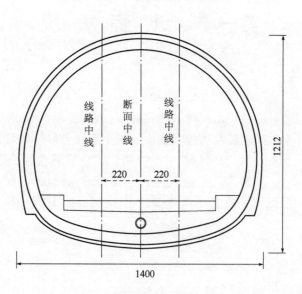

图 1-1-2　胡麻岭隧道横断面(尺寸单位:cm)

施工揭示 3、4、7 和 8 号斜井坑道部分段落穿越了第三系富水弱胶结砂岩地层;4 号、5 号正洞之间 DK76+350~DK79+600 段 3250m 穿越第三系富水弱胶结砂岩地层。其中正洞有 140m 下穿水库,99m 下穿河流,且地表有很多洞穴,地表水可不经渗透直接灌入;受地震连发带影响,区域内裂隙较多,为孔隙裂隙水提供了通道。所以水害是胡麻岭隧道富水弱胶结砂岩地层的主要问题。

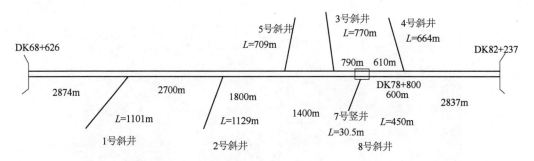

图 1-1-3 胡麻岭隧道辅助坑道示意图

三、第三系弱胶结砂岩地层概况

1. 形成背景

根据《甘肃省区域地质志》，本区域上第三系地层划分为陇东区、陇西盆地的甘肃群，为一套橘黄色、浅棕黄色泥质砂岩、泥岩互层的地层，属陆相湖盆及山间凹地沉积，沉积地质时代距今 250 万~2400 万年。

第三系粉细砂岩地层岩性较单一，颗粒较均一，结构紧密，属新生代沉积，受构造运动影响较小，节理、裂隙不发育。因此，在天然状态下，存在构造裂隙的可能性非常小，地下水主要赋存于砂岩孔隙水中，由于砂岩胶结程度、黏粒含量及补给途径的不同，使地下水分布具有不均匀性，表现为局部地段砂岩含水率偏高或地下水相对富集，水文地质条件十分复杂。

隧道通过地区地貌属黄土梁、峁区，地表覆盖有厚度较大的砂质黄土，沟谷发育。第三系砂岩为隧道的主要含水层，地下水类型为基岩裂隙（孔隙）水，为弱富水区，由降水入渗及上游沟谷浅层地下水沿基岩面径流补给。

2. 分布区域

第三系砂岩在兰州盆地和定西盆地分布范围较广，沉积厚度较大。兰州地区除新城盆地（河口、新城一带）基底为白垩系地层外，榆中（定远）、城关、七里河、安宁堡及西固盆地，下伏基岩均为第三系红色砂岩或碎屑岩类，在地貌上多表现为黄土梁峁和河谷阶地上覆风积和冲洪积黄土，下伏第三系泥岩、砂岩及砾岩，分布情况如图 1-1-4 所示。

四、第三系弱胶结粉细砂岩地层特性

上第三系粉细砂岩成岩性差，泥质弱胶结，结构脆弱，遇水浸润（泡）或长时间暴露极易产生结构破坏，由于复杂的水稳特性，加之施工扰动，砂岩很快变成松散的砂状，渗水后很快达到饱和状态，发生塑性流坍、滑移或产生外挤现象。

对此，国内外知名专家、学者曾多次现场考察，专题论证，将其确定为"国内罕见、世界性难题"。

1. 物理力学指标

砂岩大部分为泥质弱胶结，局部夹有钙质胶结的薄层，成岩性极差，结构较紧密，渗透系数小，其工程性质更接近于具有压密作用的粉细砂层，其主要物理力学指标见表 1-1-1。

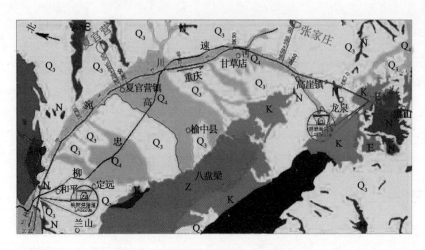

图 1-1-4　兰州至定西段地质分区示意图

围岩物理力学指标统计　　　　　　表 1-1-1

隧道名称	颗粒名称	含水率（％）	含泥量	细度模数	比重 G_s	孔隙比 e	压缩系数 a_{1-2}	黏粒含量（％）	渗透系数 K_t(cm/s)
胡麻岭隧道	粉细砂岩	4.3～19.5	21	0.7	2.60	0.36～0.48	0.07	6.0～12.0	4.0×10^{-5}～5.2×10^{-5}

2. 地下水

钻孔揭示圆砾土中未见地下水，下部砂岩中有少量地下水，说明地下水以孔隙水为主，且分布具有不均匀性，仅局部地段砂岩含水率偏高或地下水相对富集。隧道正洞及斜井内地下水以大气降水入渗和岩体容积储量水为主要补给来源。钻孔水文地质试验成果资料见表 1-1-2。

隧道钻孔水文地质试验成果资料　　　　　　表 1-1-2

编号	位置	孔深(m)	试验情况简述及岩性	混合静止水位(m)	试验段落(m)	抽(提)水试验				
						降深 S(m)	出水量 Q(L/s)	单位涌水量 q(L/s·m)	计算渗透系数 K(m/d)	影响半径 R(m)
HMSZ-1	DK70+320 R12m	146.0	提水，黄土、粉质黏土	9.0	0～146.0	66.3	0.003	1.52×10^{-5}	1.4×10^{-7}	—
HMSZ-2	DK73+640 R12m	161.8	混合抽水试验、砾岩	126.2	0～161.8	22.7	0.029	1.28×10^{-3}	4.1×10^{-3}	54.0
HMSZ-3	DK79+900 R12m	198.1	提水，砂岩泥岩	64.8	0～195.0	100.8	0.163	1.62×10^{-3}	1.36×10^{-3}	85.8

3. 稳定性

该砂岩的成分组成、胶结及含水情况具有不均一性，且开挖后受水体浸泡及外部条件的影响，稳定性具有随时间延续显著变差的特点。通过对部分掌子面的砂岩含水率的延时变化分析,发现上台阶含水率变化不大,稳定时间相对较长,而中下台阶开挖后受渗水影响含水率在 3~5h 后就会达到饱和含水率。

五、饱和弱胶结砂岩隧道施工中的主要技术问题

该地层开挖后自稳能力极差,掌子面不稳定,易坍塌,经常出现底板冒水、流砂、涌水、沉降大、初支变形等现象,主要原因为:

(1)围岩固结不均匀,渗透系数小,降水难度大。

(2)渗水浸泡围岩,围岩软化,在开挖下台阶时壁面围岩层层剥离,造成支护接腿无法实施,拱脚以上支护背后脱空,上断面支护突然沉降变形,无法进行下断面施工。

(3)掌子面渗水,核心土崩塌,围岩层层剥离,超前导管上方严重脱空,从而造成大型塌方。

(4)拱脚、基底浸泡成淤泥,机械设备无法施工,开挖下台阶经常出现突然沉降。

(5)经常遇到水囊,开挖后受重力和水压的作用突然涌出,形成涌水流砂,造成掌子面后方未封闭的初期支护突然变形。

(6)饱和粉细砂在施工过程中受机械、人员的扰动,围岩有液化现象,施工难度大。

第二节 勘 察 设 计

一、勘察依据、方法及经过

胡麻岭隧道工程地质勘察工作依据《兰渝线兰州至广元段初、定测工程地质勘察大纲》及《铁路工程地质勘察规范》(TB 10012—2007)第4章"隧道工程"第4.3.5条、第4.3.7条及第4.3.8条的要求进行。通过初测、定测及补充定测三个阶段,在分析区域地质和既有资料的基础上,通过地面调绘、物探、钻探、试验等综合勘探方法,查明了隧道通过区岩土层的类型、分布范围及深度等;施工中根据隧道开挖揭示情况,开展超前地质预报,对局部地段进行了施工地质勘察工作,进一步分析隧道工程地质条件,为隧道设计、施工提供翔实资料。

初测阶段在大面积遥感判识及区域地质成果资料基础上,以野外地质调绘为主,进行代表性勘探,2006年7月完成可行性研究报告。

定测阶段按照《兰渝线兰州至广元段定测工程地质勘察大纲》要求,并严格执行了国家和行业现行的规范及规程等,在详细工程地质调绘的基础上,采用物探、钻探、化验等综合勘探和测试方法,完成了工程地质勘察工作,2008年6月完成初步设计。

补充定测阶段依据初步设计审查意见,开展了补充地质勘察及钻探工作,2009年8月完成施工图设计。

施工阶段根据隧道现场实际情况,取样试验,并结合科研工作,进行了钻探和洞内取样试验工作。

二、完成的工作量

胡麻岭隧道全长 13611m,勘察设计阶段完成钻探 1516.5m/17 孔,物探 13.7km,其中

DK76+350～DK79+605段完成钻孔548m/10孔,平均325m一个钻孔,施工中完成319.3m/4孔。隧道勘察工作量见表1-2-1。

隧道勘察工作量统计表　　　　　　　　　　表1-2-1

隧道名称	地质调绘（km²）	观测点（个）	勘察阶段（m/孔）	施工阶段（m/孔）	物探	试验(组)
胡麻岭隧道	32	58	1516.5m/17孔	319.3m/4孔	常规13.7km	365

三、主要地质特征描述及围岩分级

1. 地质特征

（1）胡麻岭隧道DK76+350～DK79+605段洞身涉及的地层主要为上第三系砂岩夹泥岩和下第三系砂岩夹砾岩,泥质弱胶结,成岩作用差,且泥岩具膨胀性。产状N50°～73°W/13°～38°S。

（2）胡麻岭隧道通过区为富水区。砂岩裂隙（孔隙）水的含量由于成岩程度和风化带厚度不一,节理裂隙发育程度等因素,变幅较大。本段地下水为孔隙、裂隙潜水,地下水位埋深一般在30～40m,沟谷区埋深较浅,一般在10m左右。受大气降水影响,季节性变化较明显。地下水的富集受地层岩性、地貌形态影响较为明显,岩性含泥质多,胶结性好,地下水贫乏,反之地下水富集;受岩性及补给条件限制,该地区水量一般不大,但沟谷区地下水相对富集。隧道涌水量及富水性分区详见表1-2-2。

隧道涌水量及富水性分区　　　　　　　　　　表1-2-2

隧道名称	里程段落	长度(m)	单位正常涌水量(m³/d·km)	正常涌水量(m³/d)	最大涌水量(m³/d)	富水性分区
胡麻岭隧道	3号斜井	770	234	180	540	弱富水区
	4号斜井	664	234	160	480	弱富水区
	DK75+800～DK76+420	620	230	145	435	弱富水区
	DK76+420～DK76+775	355	300	110	330	弱富水区
	DK76+775～DK77+710	940	240	225	675	弱富水区
	DK77+710～DK78+518	808	290	235	705	弱富水区
	DK78+518～DK79+600	1082	230	250	750	弱富水区

2. 隧道围岩分级

胡麻岭隧道DK76+350～DK79+605段洞身地层均以第三系粉细砂岩为主,成岩性差,钻孔岩芯多呈碎块或短柱状,结构较紧密,纵波波速平均v_p=1600～2200m/s。根据《铁路隧道设计规范》(TB 10003—2016)第4.3.1条及附录B表B.1.5"具有压密或成岩作用的砂类土为Ⅳ级围岩",考虑地下水分布的不均匀性,富水性分区为弱富水区,预测单位涌水量为230~340m³/km·d,设计在浅埋地段围岩划分为Ⅴ级,埋深较大地段围岩划分为Ⅳ级。实际施工开挖后,富水区段掌子面呈流砂状,划分为Ⅵ级或为特殊地质。

第三节　施工过程中的地质工作

为了解决胡麻岭隧道上第三系砂岩在施工中出现的难题,优化施工方法,为隧道施工采取的有效措施提供技术支持,以减少可能产生的各种安全风险,施工过程中进行了以下几方面的补充地质工作。

一、补充地质勘察

(1)结合勘察设计和施工情况,补充地质调查和钻探工作,胡麻岭隧道完成钻孔319.3m/4孔,并进行了水文测井和抽水试验,对隧道工程地质、水文地质条件进行分析评价。

(2)结合施工进展情况,对掌子面分时、分段进行采样,测定不同时间、区段砂岩的物理力学参数,研究了同一掌子面不同时间段的含水率变化与围岩稳定性的关系。

(3)对地表降水进行了试验研究。

二、专家研讨

胡麻岭隧道地质条件复杂,施工难度大、进度缓慢、风险高,引起参建各方及其主管单位的高度重视,多次组织现场会勘、方案研讨及专家会。在施工过程中规模较大的专家会召开了二十多次,结果如下:

(1)胡麻岭隧道第三系地层,尤其是上第三系砂岩,是一种具有特殊工程性质的岩层,有以下主要特性:

①在原始状态下密实度高,在不扰动状态下承载力和变形模量比较高。

②由于该岩层基本没有胶结,一经开挖扰动,遇水就变为松散、流动的状态。这一特性对隧道开挖极为不利,受水的影响极易造成围岩坍塌、流砂、拱顶下沉、收敛变形加大、基底软弱等现象。

(2)第三系泥质弱胶结粉细砂岩成岩性差,在地下水的作用下,开挖扰动后基本呈粉细砂状,工程性质迅速恶化,拱部和边墙塌落严重,自稳性差,工程难度极大,风险极高,应加强试验段的试验工作,同时优化设计与施工方案。

三、科研攻关

具体研究内容有:

(1)通过现场原状砂岩取样进行室内物理力学参数试验。

(2)第三系砂岩工程地质、水文地质条件分析。

(3)研究各掌子面不同的超前降水形式、降水设施对开挖掌子面的围岩含水率和稳定性变化的影响规律,分析注浆前、注浆后围岩含水率情况及稳定性;根据钻孔取样分析围岩含水率随埋深的变化情况,并与洞内上下台阶围岩取样试验的含水率进行对比分析,分析天然状态下围岩与实施降水措施下的含水率变化的对应关系。

(4)对上第三系砂岩围岩稳定性进行定量化评价。根据获得的岩体力学参数,分析不同含水率条件下岩体稳定性与时间的定量关系,综合判断砂岩含水情况与岩体稳定性的关系,分析岩体失稳的时间效应。

第二章　第三系富水弱胶结砂岩地层特征和围岩工程特性

本章介绍第三系富水弱胶结砂岩的物理性能、力学性能、地层形态(硬、塑、软塑、流态)特性和围岩工程特性,以及前期施工情况和困难。

第三系富水弱胶结砂岩具有粉细粒结构、极弱胶结、敏感的水稳特性、天然含水率高、渗透系数低、地层的孔隙率大、细度模数小(0.5~0.7)等基本物理力学性质。地层不同含水率状态下性状变化显著:富水区段达到饱和状态,即天然含水率下的围岩汗状渗水;含水率达到11%~16%时围岩呈软塑状;含水率在16%~30%时围岩呈流塑状;含水率大于30%呈流砂状。

第一节　物理性能试验

一、颗粒组成

(1)根据钻孔和隧道原位取样的颗粒分析及颗粒级配图,第三系砂岩的颗粒组成以粉细粒为主,粒径主要集中于0.075~0.250mm,黏粒含量一般为5.21%~8.52%,局部最大达22%。

(2)根据累计筛余百分率或通过百分率,绘制级配曲线,3号、4号斜井的颗粒级配曲线如图2-1-1、图2-1-2所示。

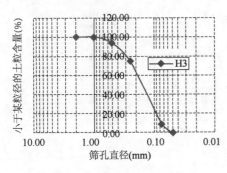

图2-1-1　H3颗粒级配曲线

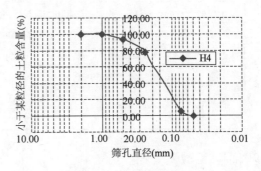

图2-1-2　H4颗粒级配曲线

二、含水率

含水率试验数据见表2-1-1。

含水率试验数据　　　　　　　　　　　　　　　　　　　表2-1-1

试样编号	铝盒编号	$m_{湿}$	$m_{干}$	$m_{盒}$	m_s	m_s-m_s	计算含水率 ω_i	平行误差绝对值 $\Delta\omega$	试验含水率 ω	含水率终值 $\bar{\omega}$
H3-1	A72	63.87	58.94	16.54	42.40	4.93	11.63%	0.05%~0.34%	11.7%	11.76%
H3-1	B49	64.03	58.92	16.03	42.89	5.11	11.91%			
H3-1	B44	68.89	63.42	16.17	47.25	5.47	11.58%			
H3-2	B26	54.71	50.49	15.71	34.78	4.22	12.13%	0.28%~0.67%	11.8%	
H3-2	A50	55.47	51.30	16.12	35.18	4.17	11.85%			
H3-2	B89	57.64	53.41	16.52	36.89	4.23	11.47%			
H4-1	A33	66.50	60.5	16.19	60.50	6.00	9.92%	0.01%~0.07%	13.5%	13.51%
H4-1	A41	67.05	61.02	16.25	61.02	6.03	9.88%			
H4-1	B81	62.68	57.13	16.10	57.13	5.55	9.71%			

三、密度

试验所得试样的密度见表2-1-2。

密度试验数据及结果　　　　　　　　　　　　　　　　　　表2-1-2

试样编号	环刀编号	m_1 (g)	内径 d (mm)	高度 h (mm)	面积 A (cm^2)	V (cm^3)	m_2 (g)	m (g)	ρ (g/cm^3)	$\bar{\rho}$ (g/cm^3)
H3-1	2	51.86	61.78	19.94	29.977	59.774	179.340	127.480	2.133	2.133
H3-1	2	51.86	61.78	19.94	29.977	59.774	179.590	127.730	2.137	
H3-1	3	51.88	61.74	20.00	29.938	59.876	179.960	128.080	2.139	
H3-1	3	51.88	61.74	20.00	29.938	59.876	178.930	127.050	2.122	
H3-2	2	51.86	61.78	19.94	29.977	59.774	179.340	127.480	2.133	2.130
H3-2	2	51.86	61.78	19.94	29.977	59.774	179.590	127.730	2.137	
H3-2	3	51.88	61.74	20.00	29.938	59.876	179.960	128.080	2.139	
H3-2	3	51.88	61.74	20.00	29.938	59.876	178.930	127.050	2.122	
H4-1	1	51.00	61.80	19.92	29.996	59.753	177.470	126.470	2.117	2.126
H4-1	2	51.86	61.78	19.94	29.977	59.774	178.700	126.840	2.122	
H4-1	3	51.88	61.74	20.00	29.938	59.876	179.460	127.580	2.131	
H4-1	4	51.79	61.80	20.00	29.996	59.992	179.780	127.990	2.133	

四、固结系数

固结试验数据和计算结果见表2-1-3。

固 结 试 验 数 据 表2-1-3

试样编号	各级压力 P_i(kPa)	各级总变形量 $\sum \Delta h_i$(0.01mm)	单位沉降量 S_i(mm/m)	孔隙比 e_i	压缩系数 α(MPa^{-1})	压缩指数 C_c	压缩模量 E_S(MPa)
H3-1	0	0	0	0.389			
	50	31.9	15.950	0.367	0.443		3.085
	100	41.4	20.700	0.339	0.566	0.094	10.308
	200	46.3	23.150	0.308	0.310	0.103	39.871
	400	57.8	28.900	0.270	0.189	0.126	33.777
	800	59.8	29.900	0.232	0.095	0.126	388.040
H4-1	0	0	0	0.389			
	50	26.5	13.250	0.371	0.368		3.724
	100	33.5	16.750	0.348	0.459	0.076	14.046
	200	41.4	20.700	0.320	0.279	0.093	24.792
	400	45.4	22.700	0.290	0.150	0.100	97.730
	800	57.1	28.550	0.253	0.092	0.122	66.424

由上述试验结果可知,试样压缩系数 a_{v1-2} 的范围是:$0.1 \leq a_{v1-2} < 0.5$,所以试样属于中压缩性土。地层的弹性模量 E 和泊松比 μ 是数值计算必要参数,通常由无侧限抗压试验或三轴试验得到。通过式(2-1-1)～式(2-1-2)进行压缩模量 E_S、变形模量 E_o 的换算。泊松比按照规范的参考值 $0.20 \sim 0.25$ 取 $\mu=0.25$。

理论公式:
$$E_o = \beta E_S = \left(1 - \frac{2\mu^2}{1-\mu}\right) \times E_S \tag{2-1-1}$$

经验公式:
$$E_o = 2.0 \sim 5.0 E_S \tag{2-1-2}$$

二者换算结果差别较大,理论公式中砂土 μ 取值范围为 $0.20 \sim 0.25$,而系数 β 取值范围为 $0.833 \sim 0.900$,此处分别计算出由理论公式和经验公式所确定的变形模量 E_o,见表2-1-4。

斜井试样 E_S 与计算 E_o 和经验 E_o 对比 表2-1-4

试样编号	泊松比 μ	参数 β	压缩模量 E_S	变形模量 E_o 理论值	变形模量 E_o 经验值
H3-1	0.20～0.25	0.83～0.99	39.87	33.23	79.74～199.35
H4-1	0.20～0.25	0.83～0.99	24.79	20.66	49.58～123.96

由表2-1-4可以看出,理论公式系数 β 由泊松比 μ 控制,β 小于1,而经验公式的系数为 $2.0 \sim 5.0$,经验值远远大于由弹性力学公式推导出来的系数 β。因此,在实际的数值模拟研究中,对于模量参数的选取还需要根据实际情况合理确定。

五、渗透系数

渗透试验采用变水头渗透试验,渗透系数试验数据整理见表2-1-5。

渗 透 试 验 数 据   表2-1-5

试样编号	试验次数	H_1（1刻度）	H_2（1刻度）	Δt (s)	T (℃)	K_T (cm/s)	$\dfrac{\eta r}{\eta_{20}}$	K_{20} (cm/s)	$\overline{K}_{20}$ (cm/s)
H3-1	1	4.7	21	120.01	20.9	5.1×10^{-5}	0.9714	4.96×10^{-5}	4.38×10^{-5}
	2	8.0	25	140.64	20.9	4.30×10^{-5}	0.9714	4.17×10^{-5}	
	3	3.0	20	140.04	20.9	4.40×10^{-5}	0.9714	4.28×10^{-5}	
	4	3.7	21	132.8	20.9	4.63×10^{-5}	0.9714	4.50×10^{-5}	
	5	6.1	23	138.07	20.6	4.38×10^{-5}	0.9664	4.23×10^{-5}	
	6	4.4	22	142.3	20.6	4.28×10^{-5}	0.9664	4.14×10^{-5}	
	7	7.2	24	142.62	20.6	4.22×10^{-5}	0.9664	4.08×10^{-5}	
H3-2	1	4.1	27	133.14	25.1	5.07×10^{-5}	0.8920	4.52×10^{-5}	4.43×10^{-5}
	2	6.5	27	121.68	25.1	5.49×10^{-5}	0.8920	4.90×10^{-5}	
	3	3.8	27	138.58	25.1	4.87×10^{-5}	0.8920	4.35×10^{-5}	
	4	3.5	27	138.33	25.1	4.89×10^{-5}	0.8920	4.36×10^{-5}	
	5	1.1	27	146.78	25.1	4.65×10^{-5}	0.8920	4.15×10^{-5}	
	6	1.6	27	141.16	25.1	4.83×10^{-5}	0.8920	4.30×10^{-5}	
	7	2.3	27	140.08	25.1	4.85×10^{-5}	0.8920	4.33×10^{-5}	
H4-1	1	4.7	22	277.46	19	2.12×10^{-5}	1.0250	2.17×10^{-5}	1.86×10^{-5}
	2	5	22	300.81	19	1.95×10^{-5}	1.0250	2.00×10^{-5}	
	3	5	22	316.87	19	1.85×10^{-5}	1.0250	1.90×10^{-5}	
	4	5.1	22	344.06	19.4	1.72×10^{-5}	1.0094	1.74×10^{-5}	
	5	5.4	22	344.17	19.4	1.72×10^{-5}	1.0094	1.73×10^{-5}	
	6	4.9	22	364.17	19.4	1.63×10^{-5}	1.0094	1.64×10^{-5}	

第二节　力学性能试验

一、单轴抗压强度

根据单轴压缩试验数据，以轴向应变为横坐标，轴向应力为纵坐标，绘出不同含水率等级下试件的单轴应力—应变曲线，如图2-2-1～图2-2-5所示。

根据试验数据及应力—应变曲线，可得到粉细砂岩地层试样的单轴抗压强度见表2-2-1。

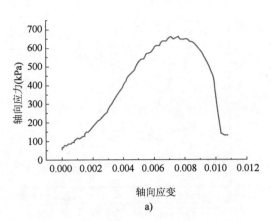
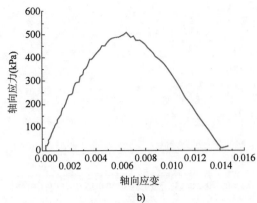

图 2-2-1　试件干燥状态下的两组应力—应变曲线

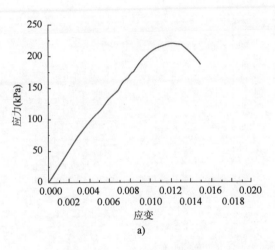
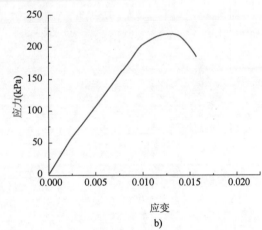

图 2-2-2　$\omega=2\%$ 时的两组单轴应力—应变曲线

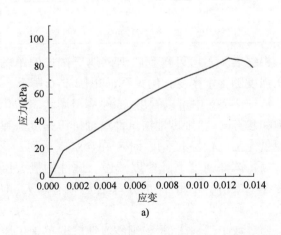
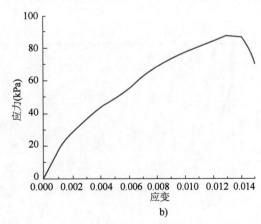

图 2-2-3　$\omega=5\%$ 时的两组单轴应力—应变曲线

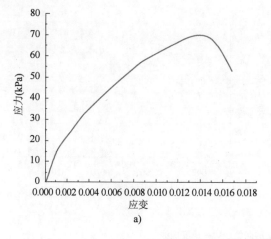
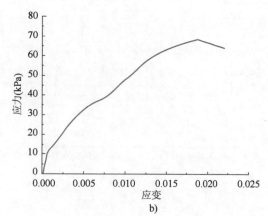

图 2-2-4　$\omega=8\%$ 时的两组单轴应力—应变曲线

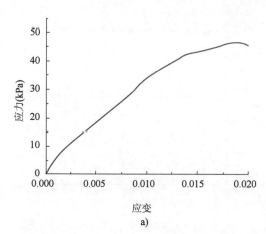
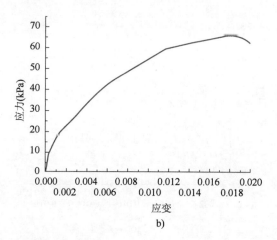

图 2-2-5　$\omega=12\%$ 时的两组单轴应力—应变曲线

各含水等级下的粉细砂地层单轴抗压强度　　　　　　　　　　　表 2-2-1

含水率 $\omega(\%)$	0	2	5	8	12
单轴抗压强度 σ_c(kPa)	586.75	224.16	89.10	71.46	56.29

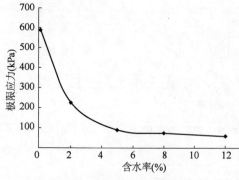

图 2-2-6　粉细砂地层极限应力与含水率之间的关系

根据表 2-2-1,可得到粉细砂地层试样的单轴抗压强度随含水率变化的关系,如图 2-2-6 所示。

从图 2-2-6 中可以看出,试件从干燥状态转化到饱和状态时,粉细砂地层试件单轴抗压强度与弹性模量先是以较快的速度下降,在含水率达到 $\omega=5\%$ 以后,试件强度下降速度减慢。试件的最大压应变在干燥情况下最小,含水率之后稍有增大,饱和之后达到最大。

通过最小二乘法,将粉细砂岩地层的单轴抗压强度与其含水率的函数关系进行了非线性回归,结果如下：

$$\sigma_c = 60.853 + 525.8e^{-0.57\omega} \tag{2-2-1}$$

二、剪切强度

各个试样的试验数据见表2-2-2，试样的σ-τ_f曲线如图2-2-7～图2-2-9所示。

剪切试验数据及结果　　　　　　　　表2-2-2

试样编号	环刀编号	直径d（mm）	面积A（cm²）	法向加载σ（kPa）	剪切位移R（0.01mm）	剪切强度τ_f（kPa）	内摩擦角φ（°）	黏聚力c（kPa）
H3-1	2	61.78	29.977	100	78	157.68	46.29	57.48
	3	61.74	29.938	200	137	277.31		
	2	61.78	29.977	300	180	363.88		
	3	61.74	29.938	400	236	477.71		
H3-2	3	61.74	29.938	100	91	183.19	44.16	82.26
	2	61.78	29.977	200	136	274.93		
	4	61.80	29.996	300	181	365.67		
	1	61.80	29.996	400	236	476.78		
H4-1	3	61.74	29.938	100	100	202.42	43.23	99.38
	1	61.80	29.996	200	135	272.74		
	2	61.78	29.977	300	190	384.09		
	4	61.80	29.996	400	237	478.80		

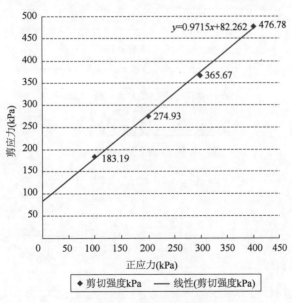

图2-2-7　H3-1 抗剪强度曲线

根据砂岩直接剪切试验，砂岩黏聚力值为14.21～99.38kPa，平均为56.79kPa，内摩擦角值为31.96°～46.29°，如图2-2-10、图2-2-11所示。

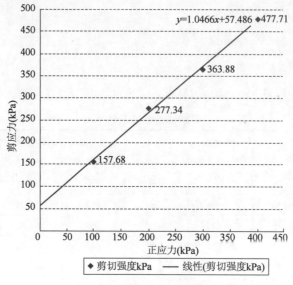

图 2-2-8　H3-2 抗剪强度曲线

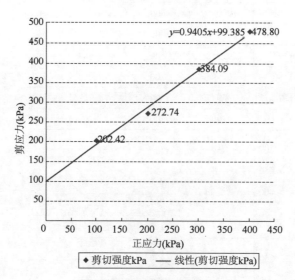

图 2-2-9　H4-1 抗剪强度曲线

抗剪强度与含水率的关系如图 2-2-12～图 2-2-14 所示。

三、蠕变强度

1. 试验仪器的选择和改造

杠杆式流变仪是应用杠杆原理实现加载放大，该流变仪提供了 1∶20 和 1∶24 两种放大系数，即加载在试件上的荷载被放大为砝码质量的 20 或 24 倍。本实验加载应力为 50MPa，则所需砝码重

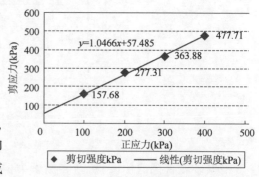

图 2-2-10　H3-1 抗剪强度曲线

量约400kg，显然，杠杆式流变仪难以提供这样的荷载，所以杠杆式流变仪主要是针对抗压强度较低的砂土试件而言，适合做小应力级别的流变试验，并能够精确控制加载应力，改造前后的流变压缩仪如图2-2-15、图2-2-16所示。

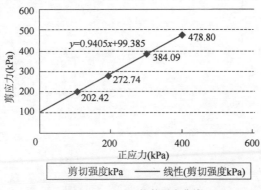

图 2-2-11　H4-1 抗剪强度曲线

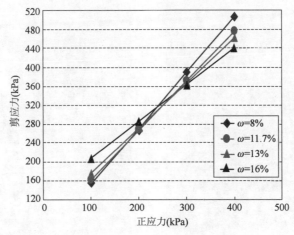

图 2-2-12　H3-1 含水率与抗剪强度的关系

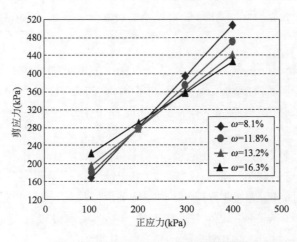

图 2-2-13　H3-2 含水率与抗剪强度的关系

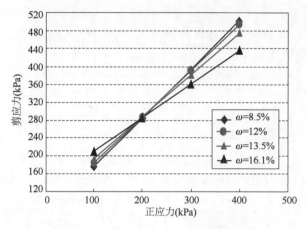

图 2-2-14　H4-1 含水率与抗剪强度的关系

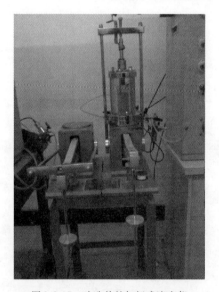

图 2-2-15　改造前的杠杆式流变仪

图 2-2-16　改造之后的杠杆式流变仪

2. 试验过程

试验为单轴抗压蠕变试验,试件制成高 10cm,直径 5cm 的弱成砂岩试件。首先,将提供围压容器去掉,下端底座与荷载传动架上部仍有近 40cm 的距离,底座处准备设置一圆柱形基座,能将底座固定并起到把试件抬高的作用,顶部设置一个加载压头,能通过螺栓与荷载传动架牢固固定。

试件加载以后,轴向位移用百分表记录,百分表与磁力表座连接,固定于杠杆式流变仪的基座上,百分表的指针与荷载传动架顶端接触。由于流变试验需要在较长的时间内进行,并需要对位移数据在相应时间间隔内进行观测,本试验采用摄像头定时拍照法来满足这一要求,摄像头的定时拍照可以用 TimeShot 软件来协助完成。摄像头被设置在固定位置,每个摄像头可以记录两组试验百分表表盘内的图像。

将制备好的试件置于基座上,加载之前要先检查流变仪杠杆的平衡性,加载之前检查百分表是否安装妥当,摄像头的拍摄角度是否对准所测的两个百分表。待各个位置都准备好之后启动 TimeShot 软件进行摄像头拍照,由于加载开始时段,位移变化迅速,在软件中将摄像头的拍照频率调成最快的每秒一张,然后立即开始加载,待百分表表盘指针的转动不能用肉眼观察的时候,将摄像头的拍照频率改为 5min 一次,1h 之后再将拍照间隔调大。

试验将试件分为四个含水率等级,由于试验持续时间较长,为防止试件水分散失,试件在流变过程中均采用保鲜膜封装。对于每个含水率等级分别进行 4 个应力等级的流变试验,即采用弱成砂岩在该含水等级下单轴抗压强度的 40%、50%、60%、70% 进行加载。两台流变仪每台有两个杠杆式加载装置,所以四组含水等级的流变试验可以同时进行,数据先以图片的形式保存到计算机指定的文件夹中,各含水等级试件蠕变试验加载应力见表 2-2-3。

各含水等级试件蠕变试验加载应力　　　　表 2-2-3

含水率(%)	0	5	8	12
δ_1(kPa)	410.7	62.4	50.0	39.4
δ_2(kPa)	352.5	53.5	42.8	33.8
δ_3(kPa)	293.4	44.5	35.7	28.1
δ_4(kPa)	234.7	35.6	28.6	22.5

3. 试验结果

(1)以试验时间 t 为横坐标,以轴向应变 ε 为纵坐标,绘出试件在不同含水条件下的不同加载应力蠕变曲线,如图 2-2-17～图 2-2-20 所示。

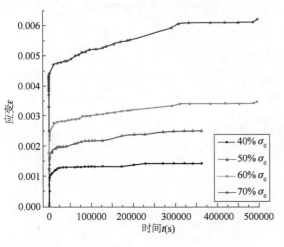

图 2-2-17　干燥试件($\omega=0$)应变—时间曲线　　　　图 2-2-18　$\omega=5\%$ 时应变—时间曲线

(2)从各含水等级的各组蠕变曲线中可以看到,应变—时间关系经历了三个阶段,即瞬时变形阶段、初始蠕变阶段和等速蠕变阶段,对应各组蠕变试验瞬时变形、初始蠕变、等速蠕变的持续时间与变形量以及含水率的关系。对各组试验瞬时应变 ε_0 及其结束时间 t_0,初始流变应变 ε_1 及其结束时间 t_1 进行汇总,具体数据见表 2-2-4,表中 α_0 为初始流变应变与总应变之比,α_1 为流变应变与总应变之比,α 为初始流变应变占总流变应变的比例。

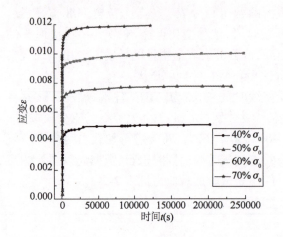
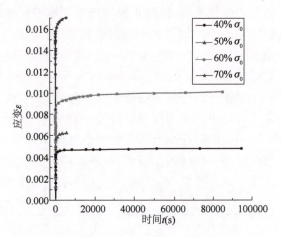

图 2-2-19　$\omega=8\%$ 时应变—时间曲线　　　　图 2-2-20　$\omega=12\%$ 时应变—时间曲线

各含水等级的蠕变数据汇总　　　　　　　　　　表 2-2-4

含水等级 $\omega(\%)$	$t_0(s)$	$t_1(s)$	$\alpha_0(\%)$	$\alpha_1(\%)$	$\alpha(\%)$
0	6.5	24000	20.95	39.28	53.46
5	7.25	8000	33.23	39.84	83.8
8	6	7876	28.21	34.42	82.0
12	6.25	2425	26.97	32.71	80.1

从表 2-2-4 数据可以看出，试件受压后，弹性应变在 7s 左右完成，随后转入初始蠕变阶段，干燥状态下的试件初始流变历时更久。进入等速流变阶段之后应变速率并未急剧减小，所以导致干燥试件初始流变应变占总流变应变的比例较小。

4. 蠕变模型及参数确定

由于试验曲线主要结束于等速流变阶段，决定用广义开尔文模型来描述弱成砂岩试件的蠕变特性。对应广义开尔文体的试件蠕变方程为：

$$\varepsilon = \frac{\sigma_0}{k_1} + \frac{\sigma_0}{k_2}\left(1 - e^{-\frac{k_2 t}{\eta}}\right) \qquad (2\text{-}2\text{-}2)$$

对式 (2-2-2) 进行修改，有：

$$\varepsilon = \sigma_0\left(\frac{k_1 + k_2}{k_1 k_2}\right) - \frac{\sigma_0}{k_2} e^{-\frac{k_2}{\eta} t} \qquad (2\text{-}2\text{-}3)$$

令：

$$y_0 = \sigma_0\left(\frac{k_1 + k_2}{k_1 k_2}\right) \quad A_0 = -\frac{\sigma_0}{k_2} \quad C = \frac{\eta}{k_2}$$

则原式可化为：

$$\varepsilon = y_0 + A_0 e^{-\frac{t}{C}} \qquad (2\text{-}2\text{-}4)$$

用分段函数进行拟合，即将蠕变曲线分为短时应变和蠕变两部分。由于短时应变历时与初始蠕变相比极短,故这样处理是合理的。设 T_0 为短时应变结束时刻,即蠕变起始时刻,β 为短时应变速率,其他参数与上述常规拟合方式相同。于是若 $t \leq T_0$,则 $\varepsilon = \beta t$,则 $t \geq T_0$,则 $\varepsilon = y_0 + A_0 e^{-\frac{t}{C}}$。

从图 2-2-21 中试验数据点、分段拟合方程曲线与常规拟合方程曲线的位置关系可以看出采取分段函数进行拟合模拟试验蠕变曲线有着较高的精确度,各组试验曲线的参数值拟合结果及广义开尔文模型换算参数汇总见表 2-2-5。

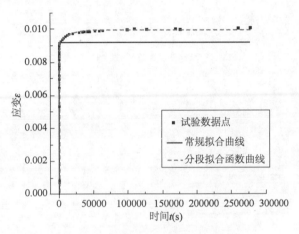

图 2-2-21　两种拟合方式的对比示意图

各组试验曲线拟合数据　　　　　　　　　　表 2-2-5

$\omega(\%)$	$\delta(kPa)$	y_0	A	C	$k_2(MPa)$	$k_1(MPa)$	$H(GPa \cdot s)$
0	234.7	0.00136	−0.00037	17898.74	632.61	237.31	11323.01
	293.4	0.00251	−0.00078	108318.30	378.52	169.12	41000.48
	352.5	0.00340	−0.00093	107342.40	378.82	142.74	40663.92
	410.7	0.00632	−0.00194	194081.80	211.70	93.77	41087.32
5	35.6	0.00333	−0.00086	13779.09	41.27	14.43	568.64
	44.5	0.00510	−0.00103	30093.70	43.20	10.93	1300.16
	53.5	0.00734	−0.00092	26008.48	58.24	8.33	1514.71
	62.4	0.00995	−0.0009	12719.83	69.34	6.89	881.96
8	28.6	0.00482	−0.00086	8878.66	33.30	7.22	295.69
	35.7	0.00750	−0.00086	10707.67	41.67	5.37	446.16
	42.8	0.00982	−0.00083	31962.35	51.33	4.76	1640.63
	50.0	0.01166	−0.00154	4840.97	32.47	4.94	157.17
12	22.5	0.00476	−0.00030	2900.25	73.98	5.05	214.57
	28.1	0.00611	−0.00152	147.90	18.49	6.12	2.73
	33.8	0.01001	−0.00109	11294.87	31.01	3.79	350.24
	39.4	0.01666	−0.00258	193.67	15.27	2.80	2.96

用 Origin 将拟合分段函数绘出并与试验所得曲线进行对照,如图 2-2-22～图 2-2-25 所示。

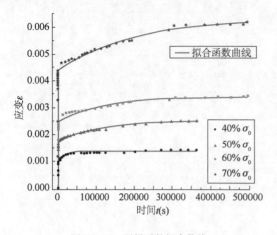

图 2-2-22 干燥试件拟合曲线

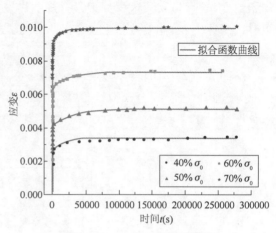

图 2-2-23 $\omega=5\%$ 时的拟合曲线

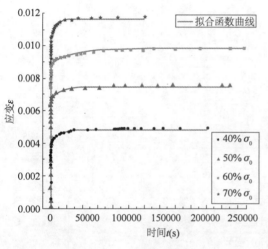

图 2-2-24 $\omega=8\%$ 时的拟合曲线

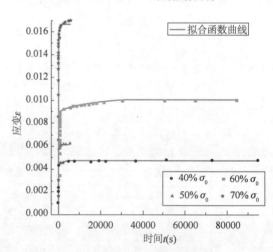

图 2-2-25 $\omega=12\%$ 时的拟合曲线

通过分析表 2-2-5 中的数据可知,蠕变方程中的参数 k_1、k_2、η 在各含水等级之下与加载应力之间没有明显的变化规律,而在不同含水等级下却有很大差别,所以可以将各等级含水率的四组不同加载应力蠕变试验的结果取平均值,并分析其与含水率 ω 之间的关系。分析仍用 Origin 软件对其进行参数拟合,k_1、k_2、η 与含水率 ω 间的关系如图 2-2-26 ~ 图 2-2-28 所示。

按照 Origin 软件的拟合结果,k_1、k_2、η 与 ω 的关系可用如下表示。

$$k_1(\omega) = 6.42 + 154.29 e^{-1.1076\omega}$$

$$k_2(\omega) = 36.298 + 364 e^{-0.63\omega}$$

$$\eta(\omega) = e^{10.42 - 1.52\omega + 0.093\omega^2}$$

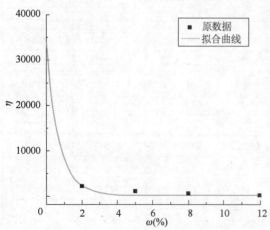

图 2-2-26 η 与 ω 之间的函数关系

则:

$$\varepsilon = \frac{\sigma_0}{k_1(\omega)} + \frac{\sigma_0}{k_2(\omega)}\left(1 - e^{-\frac{k_2(\omega)t}{\eta(\omega)}}\right) \tag{2-2-5}$$

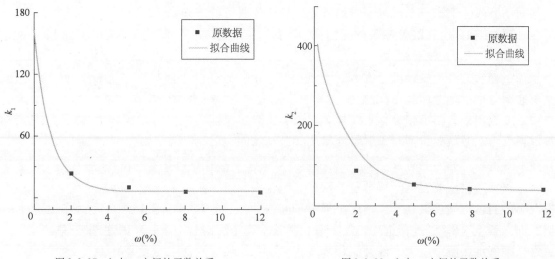

图 2-2-27 k_1 与 ω 之间的函数关系　　　　图 2-2-28 k_2 与 ω 之间的函数关系

式(2-2-5)即为弱成砂岩随含水率的变化的蠕变方程。但由于在含水率不同的情况下,δ_0 有其取值上限,所以 $\sigma_0 < 60.853 + 525.8e^{-0.57\omega}$。

5. 流变特征分析

通过对胡麻岭隧道弱胶结砂岩试样进行的不同含水等级的流变试验,可以得到以下结论:

(1)根据上述试验成果,拟合了广义开尔文蠕变方程各系数与含水率的关系,给出了带有参数 w 的蠕变方程,描述了弱成砂岩蠕变特性随含水率的变化情况。

(2)不同含水状态的砂岩在荷载作用下均有明显的流变效应,其流变应变占总应变的 40% 左右,由图 2-2-17～图 2-2-20 可知流变突变发生在应力释放的初期阶段,因此施工中控制初期支护的前期形变必须采取有效的工程措施。

(3)含水弱胶结砂岩的力学性质与其在干燥情况下极为不同,主要表现为其单轴抗压强度在含水后大幅度下降,弹性模量与黏滞系数也随含水率增加而急剧下降。

(4)含水率不同时,蠕变曲线中的瞬时应变,初始流变应变比例及总流变比例也不尽相同,主要表现为干燥状态下,弱成砂岩初始流变变形占总流变变形的比例在 53% 左右,而含水状态下其比例均在 80% 以上,除此之外,弱成砂岩含水之后,其初始流变变形的持续时间将减小,也就是提前达到稳态流变。

(5)采用分段函数描述弱成砂岩的蠕变曲线,将整个过程分为短时快速变形阶段和流变阶段,流变阶段按照广义开尔文模型蠕变方程进行拟合,避免了常规拟合方法的错误,较为准确地描述了各含水等级、各加载应力情况下弱成砂岩的蠕变曲线。

第三节 地层特性

一、工程地质特性

对胡麻岭隧道第三系富水弱胶结砂岩地层试样进行的室内试验,得到其基本物性参数,以及含水率、单轴抗压强度等参数,见表1-1-1。

1. 粉细粒结构,极弱胶结

通过颗粒筛分试验得出胡麻岭隧道第三系富水弱胶结砂岩地层围岩为粉细粒结构,试验结果表明该地层细度模数小(0.5~0.7),含泥量高达21%,黏粒含量在8%~22%之间;通过直剪试验测得围岩抗剪强度在157.6~478.8kPa之间,黏聚力在57.48~99.38kPa之间,说明第三系富水弱胶结砂岩地层土颗粒间呈极弱胶结状态。

2. 具有敏感的水稳特性

含水率对富水弱胶结砂岩地层的强度影响较大。第三系富水弱胶结砂岩地层土体在含水情况下的力学性质与其在干燥情况下极为不同,主要表现为其单轴抗压强度、抗剪强度随含水增大而大幅度下降,弹性模量与黏滞系数也随含水率增加而急剧下降。因此,第三系富水低渗透性粉细砂地层隧道施工之前开展降水工作来增强围岩稳定性尤为重要。

3. 含水率大,渗透系数低

通过含水率试验得出第三系富水弱胶结砂岩地层的含水率在11.8%~15.6%之间;通过渗透试验测得第三系富水弱胶结砂岩地层围岩具有低渗透性,渗透系数在1.86×10^{-5}~4.38×10^{-5}之间。第三系富水弱胶结砂岩地层具有高水位、低渗透性的特点,降水施工存在一定的难度。

4. 孔隙比高,细度模数小

经密度试验得出,胡麻岭隧道富水弱胶结砂岩地层的孔隙率较高,部分孔隙比高达0.48;同时第三系富水弱胶结砂岩地层围岩呈粉细粒结构,细度模数小(0.5~0.7),浆液渗透扩散作用极差。

5. 易失稳,形成流塑状态

通过含水率试验及液塑限实验测得胡麻岭隧道第三系富水弱胶结砂岩地层天然含水率较高,饱和含水率为11%,塑限含水率为16%,液限含水率为30%;该地层天然含水率极接近塑限含水率,因此,在施工中受开挖扰动和渗水影响围岩恶化,极易由原始固结状态向流塑状态状变。

二、地层性态变化特性

1. 地层基本特性

(1)粉细粒结构,极弱胶结。
(2)具有敏感的水稳特性。
(3)天然含水率大,渗透系数低。

(4)地层的孔隙率较高,细度模数小(0.5~0.7)等基本性质。

2. 性态变化特性

地层不同含水率状态下不同性状变化显著:

(1)天然含水率11%~16%,围岩呈软塑状,围岩汗状渗水。

(2)含水率达到16%~30%时围岩呈流塑状。

(3)含水率大于30%时围岩呈流砂状。

(4)遇水囊、溶腔、岩溶通道或地下河时,会突然形成涌水、流砂。

第四节　围岩工程特性

第三系富水弱胶结砂岩地层具有复杂敏感的水稳特性,开挖后随时间推移受地下水的补给影响,围岩含水率和稳定性具有显著变化的特点。隧道开挖后短时间内产生汗状渗水,围岩软化层层剥离,随时间推移,开挖面附近含水率逐渐增大,围岩由汗状渗水状态逐渐转化为流塑状态,甚至在局部段落出现涌水、流砂,在施工过程中尚存在扰动液化现象。

一、围岩汗状渗水

含水率达到11%~16%时围岩由固态向塑态转变。围岩开挖后受地下水补给,在5~20min内产生汗状渗水如图2-4-1所示,渗水影响围岩表面软化为流泥状,渗水持续汇积于断面下方,围岩受渗水浸泡软化,断面持续层层剥离。

a)　　　　　　　　　　　　　　b)

图2-4-1　汗状渗水状态

二、围岩呈流塑状

含水率达到16%~30%时围岩转变为流塑状如图2-4-2所示。围岩在开挖后极易变成流塑状态,流塑状的上体从掌子面或初期支护背后滑出或挤出,形成初支背后空洞和掌子面纵向较大变形。

 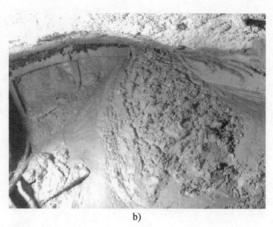

图 2-4-2　流塑状态

三、围岩呈涌水、流砂状

在施工过程中,时常会遇到水囊、溶腔、裂隙通道、突然间形成的涌水、流砂不良地质状况,造成后方初期支护破坏、机械设备损坏、人员伤害,甚至引起变形乃至塌方,导致施工受阻,如图 2-4-3 所示。

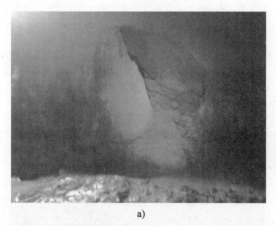 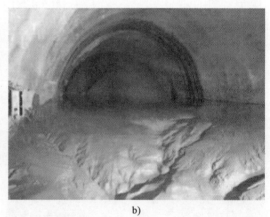

图 2-4-3　涌水、流砂

岩层裂隙的水联通后渗入饱和未固结粉细砂之中,围岩开挖后受重力的影响和水压的自然作用而涌出,形成涌水、流砂,造成掌子面后方未封闭的初期支护突然变形,如图 2-4-4、图 2-4-5 所示。

在经过富水弱胶结砂岩段落时,时常出现涌水、管涌、现象以及流塑状围岩。围岩极不稳定,所采取工程措施复杂,结构闭合周期长,导致支护变形大,图 2-4-6、图 2-4-7 所示。

四、围岩扰动液化

第三系富水弱胶结砂岩地层一经开挖,受设备的振动和施工人员的扰动,会出现扰动液化现象,如图 2-4-8 所示。液化造成人员施工困难、设备陷入液化的粉细砂岩中无法移动,严重时造成初支结构沉降变形。

图 2-4-4 施工遇水囊,间隙流水

图 2-4-5 前方水囊

图 2-4-6 未成环段落下沉

图 2-4-7 二次衬砌整体下沉

a)

b)

图 2-4-8 扰动液化现象

基于以上不利情况,在这种特殊砂岩中修建隧道存在安全风险高、施工质量不易控制、工期严重滞后、施工成本不可控等诸多风险。

第五节　前期施工涌水、流砂情况及困难

一、1号斜井重庆方向正洞

2011年8月19日19时,DK72+510掌子面在中台阶施工中,线路左侧拱肩位置顺拱架出现变形,并伴随流砂(以砂为主,水的含量相对较少),同时掌子面外移,估算涌出量1000~1600m³/d。2011年10月31日涌水、流砂量开始逐渐衰减;2012年2月,涌水量基本稳定在100 m³/d左右;经估算,累计涌水量11.9万 m³,淤积泥砂量1.7万 m³,隧道拱部及左侧估算坍塌2.5万~2.8万 m³,掌子面涌水、流砂过程照片如图2-5-1~图2-5-3所示。

图2-5-1　掌子面外移

图2-5-2　掌子面后20m(DK72+490)情况

在方案实施以来,尝试了上半段面注浆、周边注浆加固、超前水平旋喷等措施。但因拱部上方淤积物压力过大,尝试过程中出现了临时仰拱隆起、拱部下沉和掌子面外移等情况发生,未能顺利施工,再一次出现涌水、流砂,至2015年10月,累计固体涌出物约为4.6万 m³。

二、2号斜井兰州方向正洞

2号斜井正洞施工至DK72+683时,掌子面开挖揭示地层为白垩系砂岩夹砾岩,以砂岩为主,粉细粒结构,泥质弱胶结,成岩性差,有渗水。

图2-5-3　掌子面后200m(DK72+310)情况

2011年8月8日施工至DK72+683,1号及2号斜井工区正洞之间开挖剩余173m,2号斜井正洞掌子面喷锚封闭停工,由1号斜井重庆方向单向掘进。

2011年9月25日,掌子面(DK72+723)拱部以上出现涌水流砂现象,流砂堆积体距掌子面约40m,估算隧道拱部坍塌约0.5万 m³。

由于1号斜井出现了大规模突涌现象,从1号斜井重庆方向单口施工安全隐患和工期压

力较大,2013年12月开始对2号斜井进行施工。清淤至DK72+702处后施作止浆墙,止浆墙(DK72+702~DK72+704)分两次浇筑,先施作止浆墙下部,止浆墙尚未拆模即被外挤的土体推倒,土体每天最大推出2.5m,如图2-5-4、图2-5-5所示。

图2-5-4　突泥破坏第三层止浆墙

图2-5-5　掌子面泥砂外挤至DK72+717

第三章 软流塑状围岩失稳机理

本章分别对前述四种水害的工程现象、产生机理、影响因素等方面进行研究,并从四种水害的工程危害、治理措施及效果等方面进行阐述。

第一节 围岩含水率与稳定性的关系

经物性试验得知,第三系富水弱胶结砂岩地层当围岩含水率达到16%时由固态向塑态转变,当围岩含水率达到30%以上时由塑态向流态转变。水害治理首要措施是降水,通过综合降水辅助施工措施,降低围岩含水率,提高围岩自稳能力,方能安全地进行开挖支护施工。

通过对不同工况下综合降水后地层含水率实测分析,找出了不同降水时机与降水效果的关系,同时分析了降水时机对围岩沉降变形、施工进度的影响。

一、降水前后围岩含水率测定

1. 未降水状态掌子面围岩含水率随时间的变化规律

(1)4号斜井正洞DK79+405断面含水率变化监测情况

对胡麻岭隧道4号斜井正洞DK79+405断面CRD④部施工过程中围岩含水率变化进行检测。结果显示:开挖0~1h内含水率低,约14%;1h后含水率开始快速上升,约3h后含水率达到17%,砂岩开始发生塑性变形;5h后含水率继续上升,变形加剧,约8h后含水率为32%,砂岩发生流坍。

含水率变化曲线如图3-1-1所示,掌子面流坍状态如图3-1-2所示。

(2)3号斜井X1+95断面含水率变化监测情况

对胡麻岭隧道3号斜井X1+95上断面开挖过程中砂岩含水率变化进行检测。结果显示:开挖0~0.5h内含水率较低,在15%~16%范围内;0.5h后含水率开始快速上升,在开挖后1.5h含水率达到17%,砂岩开始发生塑性变形,砂岩的稳定性变差;1.5h后含水率继续上升,在2.5h后砂岩达到饱和状态,开始发生流坍。

含水率变化曲线如图3-1-3所示,掌子面流坍状态如图3-1-4所示。

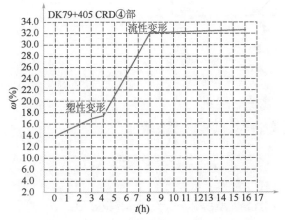

图 3-1-1　DK79+405CRD④部含水率变化曲线

图 3-1-2　DK79+405CRD④部发生流坍

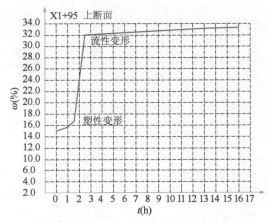

图 3-1-3　X1+95 上断面含水率变化曲线

图 3-1-4　X1+95 上断面发生流坍

2. 掌子面降水状态下围岩含水率随时间的变化规律

(1) 4 号斜井正洞 DK79+406 断面含水率变化监测情况

在 CRD④部施工中,由于围岩含水率达到饱和状态,发生流坍,施工困难,因此对该部掌子面进行喷射混凝土封闭,施作台阶真空轻型井点降水及超前水平真空降水。

降水后对该部掌子面砂岩含水率进行检测。数据分析可知,随着降水工作的开展,砂岩的含水率逐渐下降,约降水 16h 后含水率达到 11%,围岩基本稳定,开始施工开挖。

含水率变化曲线如图 3-1-5 所示,开挖后围岩情况如图 3-1-6 所示。

(2) 3 号斜井 X1+94 断面含水率变化监测情况

由于含水率达到饱和状态,施工中围岩发生流坍,施工困难,因此对 X1+94 上断面进行喷射混凝土封闭处理,施作台阶真空轻型井点降水及超前水平真空降水。

降水后对 X1+94 上断面砂岩含水率进行检测。数据分析可知,随着降水工作的开展,砂岩的含水率逐渐下降,但由于围岩富水程度较高,且涌水量较大,降水时间较长,约降水 50h 后含水率达到 12%,围岩基本稳定,开始施工开挖。

含水率变化曲线如图 3-1-7 所示,开挖后围岩情况如图 3-1-8 所示。

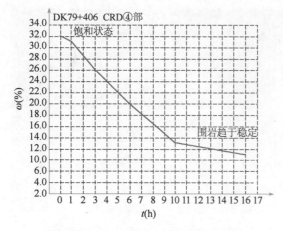
图 3-1-5　DK79+406 降水后含水率变化曲线

图 3-1-6　DK79+406CRD④部降水管路

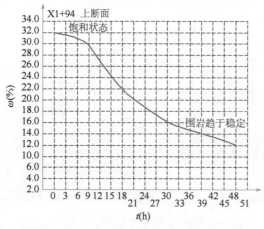
图 3-1-7　X1+94 上断面降水后含水率变化曲线

图 3-1-8　X1+94 上断面降水后效果

3. 超前降水后围岩含水率变化特征情况

（1）胡麻岭隧道 4 号斜井正洞试验段 DK79+409 含水率变化监测

胡麻岭隧道 4 号斜井正洞 DK79+409 断面 CRD④部施工过程中，采用台阶真空轻型井点降水和超前水平真空降水，同时采用重力式深井真空降水井辅助降水。

对超前降水后砂岩含水率进行检测，得出含水率与时间的关系。数据分析可知，通过持续超前降水 3d，砂岩含水率保持在 10% 左右，且变化幅度不大，围岩可自稳。

含水率变化曲线如图 3-1-9 所示，开挖后围岩情况如图 3-1-10 所示。

（2）3 号斜井 X1+92 断面含水率变化监测情况

胡麻岭隧道 3 号斜井 X1+92 断面在施工过程中，采用台阶真空轻型井点降水和超前水平真空降水，同时采用重力式深井真空降水井辅助降水。

对超前降水后砂岩含水率进行检测，得出含水率与时间的关系。数据分析可知，通过持续超前降水，砂岩含水率保持在 11% 左右，含水率虽然波动，但变化幅度不大，围岩可自稳。

含水率变化曲线如图 3-1-11 所示，开挖后围岩情况如图 3-1-12 所示。

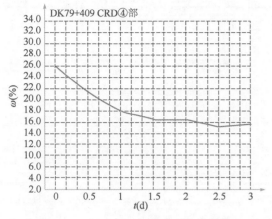

图 3-1-9　DK79+409 降水后含水率变化曲线

图 3-1-10　DK79+409CRD④部降水后效果

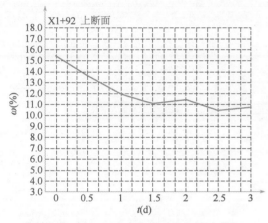

图 3-1-11　X1+92 超前降水后含水率变化曲线

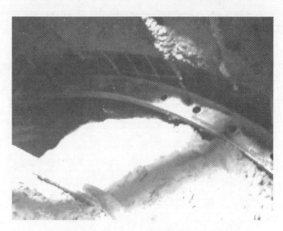

图 3-1-12　X1+92 上断面超前降水后效果

二、降水前后围岩变形监测数据分析

在上述未降水、先开挖后降水、超前降水三种不同工况下,分别进行围岩变形监测,对量测数据进行对比分析,得出围岩变形与降水时机及含水率的关系规律。

1. 围岩变形与降水时机的关系

对胡麻岭 4 号斜井正洞在 DK79+405 未降水断面、DK79+406 掌子面先开挖后降水断面和 DK79+409CRD 掌子面超前降水断面三种不同工况下,进行围岩变形监控量测。

对胡麻岭 3 号斜井 X1+95 未降水断面、X1+94 先开挖后降水断面和 X1+92 超前降水断面三种不同工况下,进行围岩变形监控量测。

分别对变形监控量测数据进行整理,如图 3-1-13 ~ 图 3-1-16 所示。

4 号斜井正洞未降水段围岩 30d 拱顶沉降最大值达 200mm,净空收敛最大值达 180mm;先开挖后降水段围岩 30d 拱顶沉降最大值为 140mm,净空收敛最大值为 130mm;超前施作降水段围岩 30d 拱顶沉降最大值为 70mm,净空收敛最大值为 80mm。

3 号斜井开挖前未降水段围岩 30d 拱顶沉降最大值达 220mm,净空收敛最大值达 185mm;

先开挖后降水段围岩30d拱顶沉降最大值为150mm,净空收敛最大值为140mm;超前施作降水段围岩30d拱顶沉降最大值为80mm,净空收敛最大值为60mm。

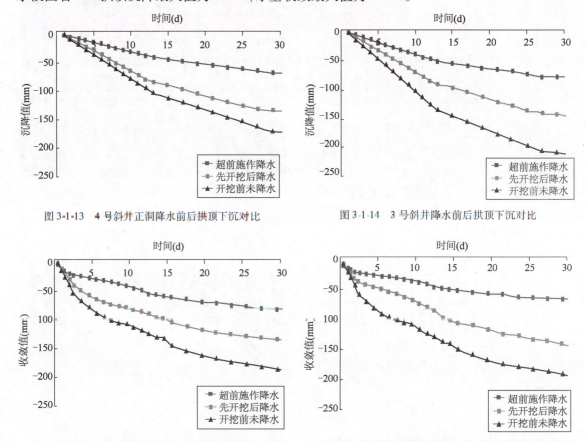

图3-1-13　4号斜井正洞降水前后拱顶下沉对比　　　图3-1-14　3号斜井降水前后拱顶下沉对比

图3-1-15　4号斜井正洞降水前后收敛量对比　　　图3-1-16　3号斜井降水前后收敛量对比

因此,围岩沉降收敛变形与围岩降水时机有直接关系,提早进行围岩降水施工有利于控制围岩收敛及沉降变形。

2. 围岩变形与含水率的关系

以上三种不同工况下,分别对应三种不同围岩初始含水率,在不同的围岩含水率状况下进行开挖支护施工,围岩的变形不同。通过分析得出,围岩变形与含水率基本呈线性正比关系,在围岩含水率增大时围岩变形量增大,如图3-1-17、图3-1-18所示。

三、降水前后施工进度对比

经过对富水弱胶结砂岩地层的高水位低渗透地层进行不断降水试验优化,3号、4号斜井施工进度有显著提高。

(1) 在未降水施工的情况下,开挖支护施工极为困难。施工进度最快为7.4m/月,最慢为0.5m/月,平均月进度仅为3.7m/月。

(2) 在先开挖后进行降水施工的情况下,开挖支护难度得到缓解,施工进度有所提高。施工进度最快为10.9m/月,最慢为8.6m/月,平均月进度为9.38m/月。

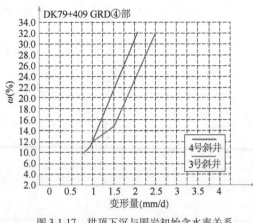

图 3-1-17 拱顶下沉与围岩初始含水率关系

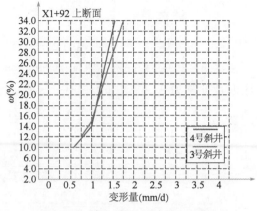

图 3-1-18 净空收敛与围岩始含水率关系

（3）在超前降水后开挖的情况下，围岩水害问题得到有效解决，施工进度显著提升且进度稳定。施工进度最快为 20.3m/月，最慢为 18.1m/月，平均月进度为 18.9m/月，具体情况见表 3-1-1。

降水前后施工进度对比　　　　　　　　　　表 3-1-1

降水条件	未降水		先开挖后降水		超前降水	
月份	2012.03	2012.04	2012.05	2012.06	2012.07	2012.08	2012.09
进度	3号洞	0.5m	2.3m	9.3m	8.6m	18.2m	18.1m
	4号洞	7.4m	4.5m	10.9m	8.7m	18.9m	20.3m

由此可见，保证富水弱胶结砂岩地层隧道快速施工的首要问题是解决围岩的稳定性问题，而提高围岩的稳定性应尽力降低围岩的含水率。所以，在施工中应把降水作为富水弱胶结砂岩地层施工中首选的辅助工程措施，应综合多种降水措施超前改善围岩富水状态，为开挖支护施工创造有利条件。

第二节　软塑状围岩掌子面汗状渗水

掌子面汗状渗水是胡麻岭隧道第三系富水低渗透性粉细砂岩地层特有的一种水害现象，该状态与其特有的工程地质有紧密的关系。结合胡麻岭隧道富水弱胶结砂岩地层特殊地质条件，进行掌子面汗状渗水机理、危害的研究，并提出相应的治理措施。

一、汗状渗水产生的机理

受高水位的影响，胡麻岭隧道富水弱胶结砂岩地层开挖后普遍存在汗状渗水，围岩开挖后基本在 5～20min 内产生汗状渗水，在渗水影响下围岩表面由湿润状态逐渐泥化，随渗水一起汗状流淌。

围岩未开挖前，富水弱胶结砂岩围岩孔隙水处于各向压力平衡状态或动水稳定渗流状态，土体颗粒也可以看作是各向压力平衡的结构稳定状态，颗粒间通过接触点有效压力维持结构稳定平衡，如图 3-2-1 所示。

围岩在开挖后,临空面随之产生,破坏了围岩的原始状态,在临空面上产生汗状渗水,原因有以下两点。

1. 临空面破坏了土体颗粒间的压力平衡状态

临空面产生后,越趋近临空面的土颗粒越趋近于松散状态,临空面位置土体颗粒间法向有效应力 σ 陡降为 0。这时如果没有孔隙水的渗流,临空面土颗粒间相互空间结构的稳定主要靠临空面孔隙水液面表面张力维持,土颗粒在孔隙水液面表面张力的作用下附着在临空面表面,土颗粒间由于骨架支点作用相互支撑嵌合,临空面表面的土颗粒才没有松散脱落。

2. 临空面破坏了孔隙水的稳定渗流或静水压力平衡状态

临空面产生后,临空面位置土颗粒间初始孔隙水压力 u 陡降为 0,与近距离位置土颗粒间孔隙水压力形成压力差,孔隙水在压力差作用下向临空面方向流动,孔隙水的流动造成近距离位置土颗粒间孔隙水压力随之降低,直至更远距离土颗粒间孔隙水在压力差作用下向临空面方向流动,形成临空面渗水的条件,即水力梯度。不同距离位置孔隙水渗流压力可以表示为:

$$\Delta u = f(u, k, i) \Delta L \tag{3-2-1}$$

式中:u——初始孔隙水压力;

k——渗透系数;

i——水力梯度,$i = \dfrac{h}{L}$(h 为水头损失,L 为渗流路径长度);

ΔL——距临空面距离。

孔隙水在水力梯度作用下从临空面不断渗出,临空面渗水量不断积累,造成临空面位置土颗粒间相互支撑嵌合力不再受孔隙水表面张力作用维持,土颗粒在自身重力及渗流压力 Δu(土颗粒表面不平衡孔隙水覆盖压力)作用下开始脱落,悬浮于临空面渗水中,形成临空面液化区,如图 3-2-2 所示。

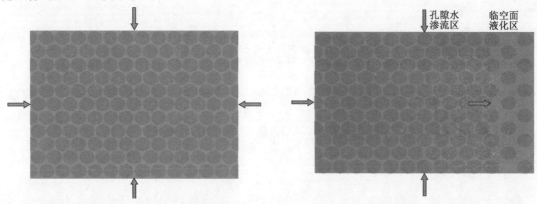

图 3-2-1 富水弱胶结砂岩地层土颗粒原始状态　　　图 3-2-2 富水弱胶结砂岩地层汗状渗水后状态

随着临空面液化区不断向土体内部深入发展,临空面液化区所受重力作用大于液化区表面张力后,临空面液化区持续或间断向下流淌,形成汗状渗水。

二、汗状渗水条件

围岩开挖后发生汗状渗水,必须具备一定的特殊工程地质条件。根据线性渗流定律,即达西定律：

$$v = ki \tag{3-2-2}$$

式中：v——渗流速度；
k——渗透系数。

这个定律说明水通过多孔介质的速度同水力梯度的大小及介质的渗透性能成正比。由此可见，砂土形成汗状渗水必须同时具备以下两个基本条件。

1. 低渗透性

围岩孔隙水在水力梯度作用下产生渗流，能够形成汗状渗水的必要条件就是围岩的低渗透性，围岩的低渗透性才能形成孔隙水在土颗粒间的低流动速度，才能形成汗状渗水状态。

2. 高水力梯度

根据达西定律可知，水在单位时间内通过多孔介质的渗流速度与渗流路径长度 L 成反比，与总水头损失 h 成正比。地下水在土体孔隙中渗透时，由于渗透阻力的作用，沿程必然伴随着能量的损失。因此，孔隙水在低渗透性土体的孔隙中渗流时，必须要存在一定的水力梯度，形成足够的渗流压力 Δu 去克服渗流阻力。

三、汗状渗水特性

胡麻岭隧道富水弱胶结砂岩砂地层围岩具有高水位低渗透性的特殊工程地质条件。围岩性质为弱胶结粉细砂岩，经过物性试验得出，含水率在 11%~16% 之间，孔隙比 0.36~0.48 之间，黏粒含量 8%~22% 之间，渗透系数在 $1.86 \times 10^{-5} \sim 4.38 \times 10^{-5}$ 之间，土层具有低渗透性；水位在隧道拱顶上方约 40m，高水位为地下水在低渗透性富水弱胶结砂岩地层中渗流提供了可能。因此，在胡麻岭隧道富水弱胶结砂岩地层施工过程中，汗状渗水状态普遍存在。

根据对胡麻岭隧道富水弱胶结砂岩地层汗状渗水特性的研究，可以把汗状渗水分为三个阶段。

1. 渗流准备阶段

围岩开挖后产生临空面，围岩应力状态重新分布，受机械设备及施工人员施工作业影响，土层原始状态被破坏，近临空面区域围岩土层受扰动，土颗粒间有效应力及孔隙水压力突然降低，同时围岩临空面暴露，在短时间的水和空气的风化作用影响下，临空面位置围岩含水率会有所变化。

因此渗流准备阶段，是汗状渗水条件形成的准备时期。在该阶段内，孔隙水在水力梯度作用下，克服围岩应力重分布、土层扰动及临空面短暂风化作用的影响，形成孔隙水渗流区，并产生符合临空面汗状渗水条件的渗流压力 Δu，直至临空面孔隙水渗出，临空面处于湿润状态，该阶段需要 2~5min，如图 3-2-3 和图 3-2-4 所示。

2. 稳定渗流阶段

围岩孔隙水渗出，临空面开始湿润后，围岩中孔隙水在渗流压力 Δu 作用下开始进入稳定渗流状态。在渗水影响下临空面表层粉细砂颗粒逐渐脱落，与渗水融合，临空面表面由湿润状态逐渐转化为流泥状态，流泥呈汗状流淌。

稳定渗流阶段，是汗状渗水的稳定渗流时期。在该阶段内，孔隙水在水力梯度作用下不断渗流，随着临空面渗水的不断积累，造成临空面位置土颗粒在自身重力及渗流压力 Δu 作用下开始脱落,形成临空面液化区。临空面液化区不断扩大的同时,不断向土体内部深入发展;同时在重力的作用下临空面下方渗水更多,液化区发展更快。临空面液化区在该阶段内持续或间断性向下流淌,该阶段持续 5~20min,如图 3-2-5 所示。

图 3-2-3 富水弱胶结砂岩地层开挖刚结束时状态

图 3-2-4 富水弱胶结砂岩地层临空面开始湿润

a)

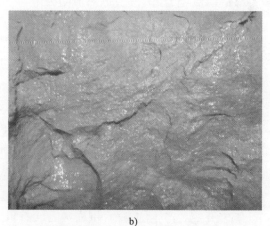
b)

图 3-2-5 富水弱胶结砂岩地层稳定汗状渗水

3. 渗水破坏阶段

临空面液化区呈持续或间断向下流淌,汇集于断面下方,围岩受渗水浸泡不断软化,由固态向流塑态转变,临空面下方围岩抗剪强度不断降低,围岩滑动面破裂趋势不断向掌子面前方发展,造成断面围岩持续层层剥离塌落,施工条件开始恶化,进入渗水破坏阶段,如图3-2-6所示。

四、汗状渗水的危害

在胡麻岭隧道富水弱胶结砂岩地层施工中,掌子面开挖后出现汗状渗水,渗水影响围岩表面软化为流泥状,渗水持续汇积于断面下方,造成围岩进一步恶化,围岩受渗水浸泡软化,断面围岩持续层层剥离;汗状渗水开挖断面喷射混凝土黏结性差、回弹率增高;渗水不断汇集于作业面下方,造成施工困难;开挖支护施工过程中,断面随时垮塌,造成开挖、支护施工困难等。因此,汗状渗水为富水弱胶结砂岩地层水害之一。

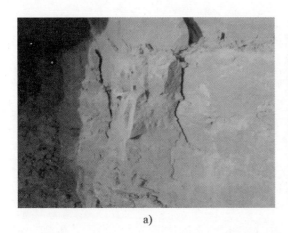 

a) b)

图 3-2-6 断面围岩受渗水浸泡失稳剥落

五、汗状渗水治理的综合降水技术要点

根据现场施工情况,针对富水弱胶结砂岩地层高水位、低渗透性的特点,采用注浆技术不能从根本上解决高水位的问题,同时由于富水弱胶结砂岩地层的低渗透性浆液不能有效均匀扩散,因此,降水工作是解决富水弱胶结砂岩地层渗水的核心。通过理论分析和现场试验研究、总结、优化,综合降水措施确定为洞内、洞外两部分。

1. 洞内降水短距离围岩疏干

(1)洞内采用掌子面超前水平真空降水,负责作业面前方超前渗水疏干。

(2)分部台阶斜向轻型井点降水,负责开挖轮廓线外及初期支护未封闭段落区域降水。

(3)洞内隧底竖直重力式深井负压降水,负责降低洞内隧底区域水位和疏干围岩,保证仰拱施工在无水状态下进行。

2. 洞外降水长距离围岩疏干

洞外采用地表降水深井,超前对正洞前方围岩进行降水,降低隧道地下水位,长距离疏干围岩,改善施工条件。

第三节 流塑状围岩变形挤出

一、流塑状态的表现

胡麻岭隧道第三系富水弱胶结砂岩地层,经物性试验得知,含水率达到 16%~30% 时围岩呈流塑状,围岩以流塑状从掌子面或初期支护背后挤出。

二、流塑状态产生的机理

1. 概念

土体含水率超过塑限值时,由固态变成半固态、可塑状态或流动状态,土体本身抗剪切强度骤失,丧失自稳能力,在重力或压力作用下呈塑态或液态流动的现象。

2. 机理

当地层结构、岩性及水文地质条件都具备的情况下，砂土的抗剪强度 τ 与作用在剪切面上的法向应力 σ 和内摩擦角 φ 有关。渗流在土体孔隙中流动产生动水压力 G_d，当其与有效压力 P 方向相反时，土的抗剪强度减小，即：

$$\tau = \sigma\tan\varphi = (P - G_d)\tan\varphi \qquad (3\text{-}3\text{-}1)$$

式中：τ——土的抗剪强度；

σ——作用于剪切面上的法向应力；

φ——内摩擦角；

G_d——动水压力（是地下水因渗流对土单位体积内颗粒骨架产生的压力，$G_d = i \times \gamma_w$，γ_w 为水的重度 kN/m^3）。

当动水压力 G_d 不断增大趋近于有效压力 P 时，$G_d \to P$，土的抗剪强度也趋近于 0，即 $\tau \to 0$。此时，土体含水率达到塑限，土体在重力或压力作用下由固态转变为塑态，即发生塑态流动。

当动水压力 $G_d = P$ 时，土的抗剪强度 $\tau = 0$。此时，土体含水率达到液限，土颗粒呈现为悬浮状态，土体在重力或压力作用下由塑态转变为液态，即发生液态流动。

三、流塑状态形成的条件

流塑状态是砂土在动水压力的作用下，含水率达到塑限或液限后，土体在自重或压力作用下形成的。

流塑态形成必须同时具备以下条件：

（1）地层为砂性土，如细粒、松软的砂土及粉细砂等；

（2）砂土位于地下水位以下，水压作用下形成动水压力的条件，土体中含水率进而随之变化，达到饱和状态。

当砂性土地层同时具备上述条件时，动水压力大于有效压力，土体抗剪强度急剧下降，饱和砂土在自重或侧向水压力（或者附加荷载）的作用下跟水一起发生流动，称之为流塑状态。

四、流塑状态形成因素

隧道开挖后，围岩经过扫描电镜、变形监测以及松动圈测试研究表明，富水弱胶结砂岩地层流塑状态形成原因主要是地下水的渗流与围岩应力状态变化引起的岩石微观结构变化，包括地下水渗流与黏土矿物流失、颗粒骨架松脱变形以及岩石剪切变形 3 个部分。

1. 渗流与黏土矿物流失

天然状态下粉细砂地层中地下水的渗流条件与水压力平衡状态发生变化，产生水压力差及水力梯度，促使孔隙水向洞内渗透，形成渗流作用。除孔隙静水压力外，由于水力梯度的变化增大了动水压力，加剧了地下水的渗流和黏土矿物流失，导致孔隙与含水率增大。

分别取天然状态与开挖后渗流作用过的粉细砂土样，通过扫描电镜观察粉细砂结构（图 3-3-1 和图 3-3-2）。天然状态的砂粒表面粗糙，胶结物呈蜂窝状，典型的蒙脱石具卷边的弯曲薄片状晶型，并常叠置成花朵状；而开挖后渗流作用过后颗粒表面光滑，颗粒间以黏土矿物为主的胶结物含量明显减少，孔隙率与含水率增大，粉细砂结构趋于疏松，土体强度与稳定性显著变差，极易发生流塑变形。

图 3-3-1　天然状态粉细砂结构（×200SE）

图 3-3-2　渗流作用后粉细砂结构（×200SE）

2. 颗粒骨架松脱变形

隧道开挖改变了原有的地下水渗流条件，引起岩体的含水率明显增大，使围岩稳定性迅速变差，破坏了富水弱胶结砂岩地层的初始应力状态，围岩自重应力的调整引起初期支护与围岩变形，形成了松动圈。松动圈测试成果如图 3-3-3 所示，拱腰至边墙范围松弛带的厚度在 1～4m，松动圈最大厚度为 6～8m。松动圈内围岩变形的原因除了渗流作用导致的孔隙率增大，主要是粉细砂中颗粒骨架松动变形、松胀扩容，致使岩石结构破坏，岩体纵波速度大大降低，含水率增大，粉细砂地层强度降低，自稳能力丧失，因此易产生流塑状态。

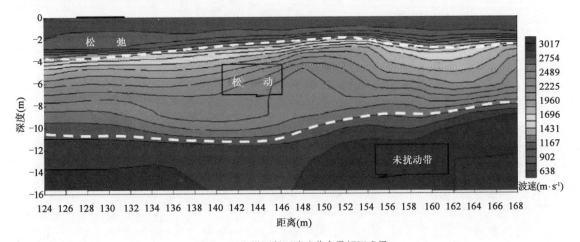

图 3-3-3　左拱腰断面波速分布及解释成果

3. 极软岩

富水弱胶结砂岩地层属于极软岩，隧道开挖后围岩应力调整往往在边墙部位产生一系列平行的中陡或陡倾剪切裂隙，即劈裂现象较多，是结构型扩容的一种，裂隙的发育加剧了地下水渗流，围岩含水率逐渐增大，具备了流塑状态的条件，这也是富水弱胶结砂岩地层原始地质结构破坏与变形的机理之一。

五、流塑状态危害

第三系富水弱胶结砂岩地层,由于水位高、土质软、强度低,所以隧道施工过程中常会呈流塑态挤出。由于地下水作用方向不同,以及工程实际水文地质条件,流塑态围岩常发生在掌子面前方、开挖轮廓面以及初支背后等位置。流塑状围岩从掌子面或初期支护背后流塑状挤出,常出现边挖边流的现象,造成开挖及支护无法施工;围岩流出形成初支背后空洞,易引起初期支护变形沉降等现象,如图3-3-4、图3-3-5所示。因此,富水弱胶结砂岩地层流塑状态为富水弱胶结砂岩地层水害之一,直接影响到施工的安全、进度、效益。

 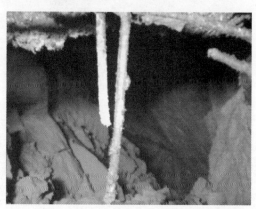

图3-3-4 掌子面流塑状态造成开挖困难　　图3-3-5 流塑状态造成掌子面初支背后流空

六、流塑状态围岩注浆固结技术要点

在胡麻岭隧道第三系富水弱胶结砂岩地层施工中,隧道开挖支护前采用综合降水辅助施工措施,但水文地质条件复杂多变,当隧道综合降水施工未能有效发挥作用时,围岩受地下水影响常迅速转化为软、流塑状态。因此,应通过科学合理的辅助施工措施解决富水弱胶结砂岩地层流塑状态难以施工的问题,采取了超前浅孔、深孔或帷幕注浆加固技术,改善地层条件,提高地层自稳能力。

流塑地层具有高压缩性、高灵敏度、低强度等特点,易产生蠕动现象,该地层渗透系数又小,通常认定为不能注浆或注浆施工非常困难的地层,故采用劈裂注浆,通过合理调整注浆压力、浆液的配比、注浆范围来解决注浆困难。

对于综合降水或仅地表降水未达到预期效果,掌子面前方出现围岩流塑状态时,为了施工安全,采取封闭断面后进行超前劈裂回退双液注浆处理。采用前进式钻孔,即注浆工艺采用前进式分段注浆,分段长度原则为:每钻孔7~10m进行一次注浆。每段采用水平旋喷注浆管采用$\phi 32$无缝钢管制作,单孔可根据钻孔地质情况下入2~3根长短水平旋喷注浆管,提升浆液分布均匀性。水泥水玻璃浆液水灰比$W/C = 0.5:1 \sim 0.75:1$(重量比),水泥浆:水玻璃 = $1:0.5 \sim 1:1.0$(体积比),注浆压强为2~5MPa,浆液扩散半径为0.2~0.4m。

第四节 流砂状围岩涌水、流砂

一、涌水、流砂状态的表现

在富水弱胶结砂岩地层施工过程中,由于地下水位高、地质情况复杂多变,突遇水囊空腔或地下水通道时,会突然间形成涌水、流砂不良地质状况,造成掌子面塌方、后方初期支护变形破坏,甚至导致机械设备损坏和人员伤害等重大事故。

二、涌水、流砂机理

涌水、流砂是在地下工程施工中,因自然或人为原因岩溶含水层中的地下水携带泥砂从作业面大量涌出的地质灾害。涌水、流砂现象不但常见,而且突发性强,危害巨大、防治困难。

1. 涌水、流砂类型

(1)按形成突涌地质条件可以分为:向斜盆地形成的储水构造;断层破碎带、不整合面和侵入岩接触面;岩溶通道、地下河;其他含水构造、含水体等。

(2)按突涌水源可分为潜水突涌、承压水突涌。

潜水突涌是指水潜含于地表覆盖层可溶性围岩或土体中,施工时受重力影响由高处向低处渗流,经过地下水通道形成突涌。

承压水突涌是指起到承压作用的充满两个隔水层之间含水层中的地下水,在施工过程中,不透水层或低渗透性地层在厚度减小到一定程度时,承压水的水头压力冲破临空面形成突涌。

(3)按突涌范围可分为局部涌水、流砂和大范围涌水、流砂。

局部突涌是指在作业面局部部位产生涌水、流砂,空间影响范围有限,不影响整体施工,处理的难度相对较小。

大范围突涌是指在较大作业面范围产生的涌水、流砂,其空间影响范围较大,影响整体施工,处理的难度极大。

(4)按突涌时间可分为瞬时性涌水、流砂、持续性涌水、流砂。

瞬时性涌水、流砂:量较小,时间短,具有瞬时性,突涌后不会产生持续性灾害,便于采取相应处理措施。

持续性涌水、流砂:具有延续性,水砂呈不间断或间歇性流出,难以采取应对施工方案,对处理方案形成干扰破坏,处理难度较大。

(5)按突涌位置可分为拱顶涌水、流砂、掌子面涌水、流砂和基底涌水、流砂。

2. 涌水、流砂机理

(1)模拟试验设计

根据富水弱胶结砂岩地层水文地质、工程地质条件特点,把现场涌水、流砂的地质模型简化。采用圆柱形容器装满实地采取的砂样模拟含水砂层,利用加压装置模拟含水层的孔隙水压力,在试验容器底部和顶面设置圆形临空面模拟井下钻孔。试验开始前对砂样充分压实,以保证砂体处于弱胶结状态。另外容器底部设有2个0~0.6MPa的YCB-100压力传感器和4只量程为0.6MPa的水压表。加压装置包括加压水箱、供水水泵、空气泵。水泵给水箱供水,气泵加压,测量装置包括压力传感器、水压表、AD转换装置、单片机和打印机。

为保证试验的真实性,样品在隧道施工现场实地采集,共采取2种岩样:A号样为粉细砂,数量2.0t,取样地点埋深约为180m,该地层层含水丰富,涌水、流砂现象频发,具有一定的代表性;B号样作为实验对照试样,为中砂,数量1.0t。

模拟试验采用2种砂样分别在相同的试验压力下进行,试验过程中控制初始压力为0.05MPa,最大终压为0.3MPa,压力增量为0.05MPa。试验严格按照如下操作步骤进行:

①装样:分层装样,充分捣实;
②充分饱和:充水并将压力调至预定值,在此压力下强行饱和2h以上;
③调整到试验压力,并稳定30min;
④打开出砂口,同时进行压力变化、水砂量变化观测;
⑤当压力、流砂量趋于零时,一次试验结束。

涌水、流砂过程中,水中含砂率大小对事故的危害性至关重要,为此模拟试验对流砂量的变化进行了详细观测记录。图3-4-1、图3-4-2和图3-4-3分别为初始试验压力为0.25MPa时,粉细砂试样突砂量、水力坡度、水头压力的历时曲线。

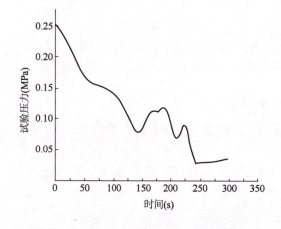

图3-4-1　粉细砂试验压力变化历时曲线

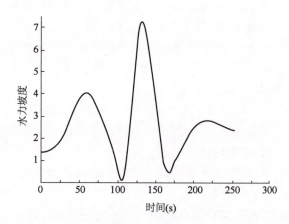

图3-4-2　粉细砂水力坡度变化历时曲线

图3-4-3中可见流砂量随时间呈波状间歇性起伏下降。试验压力增高时,该特征愈加明显,并且流砂历时过程短,低压力下流砂量变化较小且历时过程较长,这与现场井下实际发生的涌水、流砂事故表现出的特点相一致。另外,试验中发现粉细砂试样突砂量远高于中砂的流砂量,说明在粉细砂地层比中砂地层更容易形成涌水、流砂现象。

动水压力是使砂层弱胶结状态破坏并使之移动的本质原因。砂粒最初产生移动所需的动水压力即为临界水力坡度,可见该值的变化具有重要意义。图3-4-2中的水力坡度呈尖齿状起伏衰减,最终趋于平稳,这同流砂量变化相一致,说明水力坡度变化控制流砂量的变化。可见同一试验压力下粉细砂产生流砂时的临界水力坡度较小,中砂较高。

（2）机理分析

从模拟试验所得的初步结果中可以发现，隧道内发生的涌水、流砂是一个与多因素相关的复杂的水文地质、工程地质现象。若把研究对象作为一个系统，那么系统的输出即为随时间呈不断衰减的间歇性变化的涌水、流砂。含水砂层的组成、胶结程度、水头压力、水力坡度、临空面性质都可作为系统要素。综合图3-4-1、图3-4-2和图3-4-3不难发现三者皆呈周期性间歇式变化的特点，这种间歇性变化过程中，每一个完整的周期内都包含了含水砂层组成、水头压力、水力坡度、涌水、流砂等有规律的对应变化，其实质是含水层内部能量的聚集、释放，循环往复的过程，试验数据见表3-4-1。

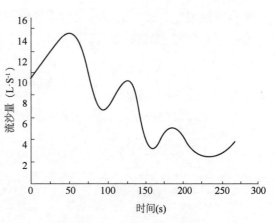

图3-4-3 粉细砂水砂量变化历时曲线

不同试验压力下临界水力坡度值　　　　　表3-4-1

试样编号	试验压力(MPa)	曲线上的峰值数据（m）					平均值（m）	总平均值（m）
粉细砂	0.05	2.89	2.85				2.87	3.07
	0.10	3.11	3.04				2.96	
	0.15	3.04	3.04	2.95	2.88	3.03	3.06	
	0.20	3.14	3.14	3.01			3.14	
	0.25	3.53	3.11		2.85		3.32	
中砂	0.05	5.02				5.20		6.25
	0.15	6.81	5.37	5.11	5.11	5.36	5.73	
	0.20	6.17	6.25				8.17	

一个周期的涌水、流砂过程，可分成两阶段。

①第一阶段：

该阶段为处于高压状态的含水层在临空面出现的状态下，内部能量释放的过程，表现在出砂口附近水位急速下降，而水力坡度迅速增大。当水力坡度增大到极值点时，涌水、流砂亦达到峰值。该阶段以涌水、流砂为主。

②第二阶段：

该阶段为含水层能量的聚集阶段，表现在水力坡度由大变小，水位回升，涌水、流砂量逐渐变小。此段以流水流砂为主。

当水位恢复到一定程度，又迅速发生涌水、流砂，开始另一次循环。但由于水位已不可能恢复到原始状态，所以每次循环在程度上、规模上呈不断下降趋势。

根据模拟试验的结果及突砂实际资料调查，涌水、流砂发生与否及发生的强度如何，主要取决于砂层颗粒之间胶结性能、颗粒大小、临空面条件、水力坡度大小。粉细砂层突砂口附近的平均水力坡度（$\bar{N}$）是涌水、流砂发生的决定性因素。当$\bar{N}$大于临界水力坡度时，应判定涌水、流砂可能发生。发生的规模及危害程度应视砂层厚度而定。根据模拟试验及现场涌水、流砂资料分析,临界水力坡度可按下式计算:

$$I_{cr} = I'_{cr} + c \tag{3-4-1}$$

式中:I_{cr}——临界水力坡度;

I'_{cr}——无胶结松散粉细砂层发生流砂时的临界水力坡度[其值可按马扎林公式计算,即 $I'_{cr} = (d_s - 1)(1 - n) + 0.5n$,其中,$d_s$ 为砂粒的相对密度,n 为空隙度,c 为与砂层性质有关的参数,弱胶结粉细砂岩取 2,黏粒含量大于 10% 时取 3,中砂取 5]。

三、富水弱胶结砂岩地层涌水、流砂形成因素

1. 地质条件

胡麻岭隧道穿越第三系富水弱胶结砂岩地层,地质状况复杂多变,隧道通过区域频发不同危害程度的涌水、流砂现象,如水囊溶腔等含水腔体引起的局部涌水、流砂,以及地下水通道等造成的大范围涌水、流砂,如图 3-4-4、图 3-4-5 所示。根据现场实际涌水、流砂水害状况分析研究,造成粉细砂地层隧道围岩涌水、流砂大多以构造承压水为主,在施工过程中承压水的水头压力冲破作业临空面形成涌水、流砂。

图 3-4-4 局部涌水、流砂状态　　　　　图 3-4-5 大范围涌水、流砂状态

2. 水文条件

隧道通过区地表水较发育,主要为水库上游长年积水和河道长年流水,受大气降水补给;地下水主要为下部第三系基岩裂隙水,水量不大,主要受大气降水及地表水补给。

经实际抽排水测算,胡麻岭隧道富水弱胶结砂岩地层 3 号斜井日涌水量 1700m³,4 号斜井日涌水量 600m³,5 号斜井日涌水量 300m³,7 号斜井日涌水量 1200m³,8 号斜井日涌水量 600m³。

四、涌水、流砂危害

富水弱胶结砂岩地层在施工过程中,突遇水囊空腔或岩溶通道地下河时,会突然间形成涌水、流砂不良地质状况,造成掌子面塌方、后方初期支护变形破坏,甚至导致损坏机械设备和伤害人员等重大事故,支护变形、破坏形态如图 3-4-6、图 3-4-7 所示。

图 3-4-6 涌水、流砂初支开裂破坏

图 3-4-7 涌水、流砂造成临时支护破坏

五、涌水、流砂预防技术要点

1. 超前地质预报

（1）GPR 方法

采用的仪器为 SIR3000 超前地质预报系统，该系统主要由以下单元组成：①主机；②天线（本次采用频率为 100MHz 的天线）；③电缆。

（2）超前探孔

在隧道掘进前方按一定位置和方向布置一定数目的钻孔探明地下水和工程地质情况，并根据隧道探孔的排水流量，判断富水状况，预报掌子面前方涌水、流砂的可能性，为确定涌水、流砂处理措施提供地质依据。

胡麻岭隧道 1 号斜井重庆方向 DK72+510 掌子面涌水、流砂后，开始对涌水、流砂空腔进行探测。

采用履带式高压气动钻机（钻机型号为 CL351）在 DK72+503 止浆墙处进行超前钻孔，共完成 9 个超前探孔的探孔工作。

探孔布置在稳定的掌子面后方。探孔位置和角度可根据现场情况适当调整。超前探孔最长 37m，最短 22m，钻孔过程中左侧探孔在钻过止浆墙后均无返浆，且钻进过程中拱部正前有巨大的空响声，中隔壁右侧有泥浆涌出。初步判断沿隧道前进方向左前方、拱部存在较大的空腔（或空腔充填泥浆），图 3-4-8 为探孔布置图。

2. 洞内外综合降水

降水工作是解决富水弱胶结砂岩地层涌水、流砂水害的核心。洞外采用地表深井降水，超前对正洞线路正前方围岩进行降水，降低隧道线路区域地下水位，长距离疏干围岩，改善施工条件。洞内采用斜向、水平及隧底竖向真空型井点降水、疏干围岩，保证施工在无水状态下进行。

3. 高压帷幕注浆技术

胡麻岭隧道第三系富水弱胶结砂岩地层施工中，因水文地质条件复杂多变，突遇水囊空腔或地下水通道时，会突然间形成涌水、流砂。当隧道综合降水施工未能发挥有效作用时，施工中应采取深孔或旋喷注浆加固技术，改善地层条件，提高地层自稳能力。

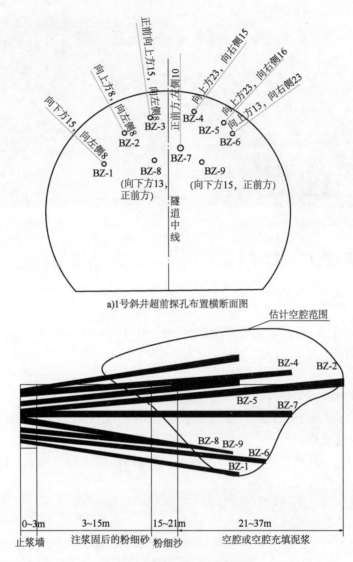

a) 1号斜井超前探孔布置横断面图

b) 1号斜井超前探孔布置纵剖面图

图 3-4-8　1号斜井超前探孔布置图

第四章 施工方法试验与选择

本章介绍增设斜井、迂回导坑、冻结、盾构方法等选择研究过程。介绍了盾构和冻结法理论上的可行性,但因地形和施工过程中的实际困难等因素影响而难以实施,也从理论上介绍了100m以上富水砂层荷载结构下管片和冻结圈结构不能承受的可能;介绍了传统矿山法的施工难点和必须采取的降水固结或围岩加固措施。

第一节 施工方法的选择过程

胡麻岭隧道穿越第三系弱胶结砂岩地层,该地层具有复杂敏感的水稳特性。

该种地层的隧道埋深 10~210m,富水低渗透性粉细砂地层围岩具有低渗透性,渗透系数在 $1.86 \times 10^{-5} \sim 4.38 \times 10^{-5}$ 之间,洞内外降水、疏干十分困难;在深埋段洞内、外注浆加固地层也十分困难。

考虑到富水砂层无自稳能力,地层荷载将以围岩压力形式作用在隧道支护结构上,目前可采用的施工方法的隧道结构承载能力有限,施工方法选择过程经历了多次反复,见表4-1-1。

胡麻岭隧道第三系粉细砂岩方案研究及试验过程　　　　　表4-1-1

序号	方案及试验	时　间	实施情况
1	3号斜井水平旋喷预加固施工方案	2012年2月	施工53m
2	5号斜井正洞水平旋喷预加固施工方案	2012年6月	实施后失败
3	冻结法(7号竖井冷冻法)	2012年4月	未实施
4	3号、8号斜井增加支洞方案研究	2012年7月	未实施
5	降水走廊研究	2012年8月	5号斜井正洞重庆方向实施,失败
6	7号竖井及河谷段地表深井降水方案	2012年9月	未实施
7	胡麻岭隧道3号斜井地表深井试验(4个深井)	2012年10月	实施后失败
8	胡麻岭隧道施组及降水设计方案专题报告(增设三斜井及超前降水导洞)	2012年12月	未实施
9	胡麻岭隧道(DK76+350~DK79+600第三系砂岩段)增设辅助坑道方案(三竖井方案)	2013年1月	未实施
10	胡麻岭隧道3号斜井增加支方案研究	2013年3月	未实施
11	胡麻岭隧道5号斜井增设迂回平导方案	2013年10月	实施后,进度缓慢,停止掘进

1. 水平旋喷围岩固结止水方案

2012年2月进行了胡麻岭隧道水平旋喷预加固施工方案(3号、5号、8号斜井)研究,确定了在3号斜井开展水平旋喷固结止水试验。2012年4月~2013年3月,由国内某专业公司对3号斜井水平旋喷加固施工53m。

2. 正洞试验段工程冻结加固方案

2012年4月完成了7号竖井正洞试验段冻结法方案设计,方案未实施。

3. 增设辅助坑道方案

(1)2012年7月完成了胡麻岭隧道3号、8号斜井内增加支洞方案研究;2012年12月完成了胡麻岭隧道施工组织及降水设计方案专题报告(增设三斜井及超前降水导洞);2013年1月完成了胡麻岭隧道(DK76+350~DK79+600第三系砂岩段)增设辅助坑道方案(三竖井方案);2013年3月完成了胡麻岭隧道3号斜井增加支洞方案研究,以上方案均未实施。

(2)2013年10月完成了胡麻岭隧道5号斜井增设迂回平导方案,在5号斜井工区线路右侧增设一试验平行导航,平导中线与隧道中线平行,净距15m,开口处与正洞正交,开口里程定为DK76+471,试验平导长度定为120m,断面为5m×5.5m(宽×高)。平导自2013年11月28日施工,上下台阶法施工,围岩为第三系粉细砂岩,截至2014年1月中旬上台阶施工10m,下台阶施工5m,施工缓慢,无法保证施工进度,不能起到辅助正洞增开工作面、提高进度的作用,导致平导停止掘进。

4. 盾构法方案

2012年8月完成了胡麻岭隧道降水走廊研究,在5号斜井工区正洞重庆方向隧底设超前降水小盾构,小盾构直径1.5m。2012年9月~2013年4月由国内某公司施工,超前降水小盾构施工15.5m后被卡,正洞仅施工2m。

5. 多种降水方案

(1)2012年9月完成了胡麻岭隧道7号竖井及河谷段地表深井降水方案,2012年10月完成了胡麻岭隧道3号斜井地表深井试验(4个深井),深井试验累计完成钻探780m,钻探失败。

(2)2012年12月完成了胡麻岭隧道施工组织及降水设计方案专题报告(增设三斜井及超前降水导洞),考虑到深井($L>100m$)建井难度大,成井率低,结合胡麻岭隧道浅埋沟地表降水的成果经验,地下水位线在拱顶以上约45m,在隧道两侧开挖轮廓线以外各增设1座超前导洞,在导洞内设置深井降水,将井深控制在100m以下,以达到超前降水的目的。降水导洞尺寸7.7m×6.2m(宽×高),该方案未实施。

第二节　盾构法方案研究

因施工中面临的技术难题和工期、安全风险压力,由建设单位组织设计、施工单位考察了南京长江公路隧道的盾构施工情况,并就南京盾构考察所收集的相关资料,结合本工程施工现状,开展盾构实施本工程的可行性研究。

一、盾构法适应性分析

(1)盾构与地层的关系

泥水盾构是通过施加略高于开挖面水土压力的泥浆压力来维持开挖面的稳定。除泥浆压力外,合理地选择泥浆的特性可以增加开挖面的稳定性。一般比较适用于在河底、海底等高水压条件下隧道的施工,具有较高的安全性和良好的施工环境。对周围地基的影响较小,既不会对地层产生过大的压力也不会受到地层压力的反压,一般不需要辅助施工措施。

在地层埋深不大的条件下,泥水盾构适应于冲洪积形成的砂层、黏土层、砂土互层等,是一种适合多种地层条件的盾构形式(图4-2-1)。

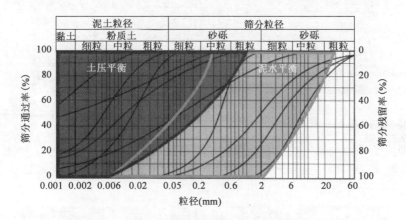

图4-2-1 盾构对地层的适应性分析

根据勘察报告及施工揭示,胡麻岭隧道开挖后掌子面围岩为上第三系粉细砂,该段围岩成岩作用差,富含水,遇水极易软化,抗压强度低,粉细砂仅有0~1MPa,局部胶结可达到5~10MPa,粉细砂岩夹砾岩局部强度可达到10~15MPa,详见表4-2-1。

胡麻岭粉细砂岩特征、物理力学性能指标　　　　表4-2-1

层数	岩土名称	天然含水率	密度		比重	天然孔隙比	固结试验		颗粒分析				剪切		渗透系数	天然抗压强度
			天然	干燥			压缩系数	压缩模量	2.0~0.5	0.5~0.25	0.25~0.075	<0.075	黏聚力	内摩擦角		
		ω	ρ	d	G_s	e	$a_{0.1-0.2}$	E_s					c	φ	K_t	R
		(%)	(g/cm³)	(g/cm³)			(MPa⁻¹)	(MPa)	mm				(kPa)	(°)	(10⁻³mm)	(MPa)
1	粉细砂岩	7.78	1.92	1.78	2.61	0.447	0.08	17.4	13.84	35.53	46.23	4.4	2	23	3.6	0~1

(2)盾构与地层渗透性关系

地层渗透系数对于盾构机的选型也是一个很重要的因素。根据欧美和日本的施工经验,两种盾构能够适应的地层渗水系数范围如图4-2-2所示。当地层的透水系数小于10^{-7}m/s时,可以选用土压平衡盾构;当地层的渗水系数在10^{-7}m/s和10^{-4}m/s之间时,既可以选用土压平衡盾构也可以选用泥水式盾构;当地层的透水系数大于 10^{-4} m/s 时,宜选用泥水盾构。本工程在隧道洞身上部及通过的地层中渗透系数为 $(0.2 \sim 65) \times 10^{-5}$ m/s,从图 4-2-2 中可以看出,可采用泥水盾构。

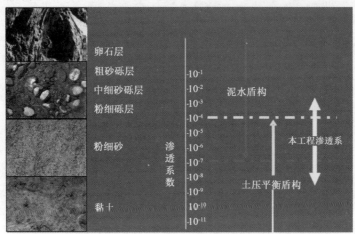

图 4-2-2　地层渗透系数与盾构选型关系示意

(3)泥水平衡型盾构机

南京过江施工采用的盾构机具有高效的开挖系统、泥水压力平衡功能、泥水输送及管路延伸功能、控制及故障显示功能、方向控制及导向系统、数据采集处理和分析功能、管片安装功能、同步注浆功能、泥水分离系统等基本功能(图 4-2-3)。

图 4-2-3　复合式泥水盾构示意图

考虑本工程地质、水文地质、隧道平纵断面设计、工期要求,同时结合南京过江施工的盾构选型、设计及施工的经验,初步分析认为南京采用的泥水平衡盾构是适应胡麻岭隧道地质条件,但也存在大埋深、地层软硬不均、水囊、长段落泥岩砾岩等地质风险。

二、盾构法施工设计

1. 盾构出发及到达方案

盾构进洞、出洞是盾构施工中的难点和关键,覆土过薄或者过厚均对施工不利:覆土过厚会造成盾构井深度增加,施工难度加大,工程费用增加,出洞端土体加固费用也随之增加;覆土太薄会影响盾构施工安全,且必须采取必要的措施。同时考虑到胡麻岭隧道已于2009年2月采用矿山法正式开工,施工场地及施工条件等均已成型,因此合理的盾构进洞及出洞方案直接决定了胡麻岭隧道盾构方案的实用性和施工效率。

方案一:洞身中部出发(DK76+500),出口段接收(DK80+000)。

考虑在洞身中部浅埋沟施作始发井(DK76+500)始发,盾构实施出口段为粉细砂,在4号斜井与出口间(DK80+000)选择泥岩段落建扩大断面实施盾构接收洞。

考虑在DK76+500浅埋沟施作盾构始发井竖井始发,该处隧道最大埋约65m,基坑深度为84m,全部挑开明挖施工难度非常大,同时第三系含水砂岩高边坡防护难度较大,因此采用上部放坡开挖,下部采用地下连续墙深基坑方案施作盾构始发井。上部开挖时采用分台阶开挖,采用1:1坡率,每10m设置一平台,平台宽度分别为4m和6m,边坡采用C25混凝土骨架护坡。下部深基坑采用厚1.2m地下连续墙结构,先撑后挖,开挖完成后应及时施作内衬。基坑底部采用旋喷桩加固,加固深度为5m,DK76+500横断面和DK76+660横断面,如图4-2-4、图4-2-5所示。

DK79+600~DK81+887(掌子面里程)为2287m的泥岩夹砂岩,围岩稳定性较好,抗压强度为10~15MPa,局部可到达20MPa,盾构长距离在该种地层中掘进需更换刀盘,且出口端埋深为100~200m,不适合做接收井,故在DK80+000处施作接收洞,盾构施工至接收洞进行拆解,从出口运出。该方案需在DK80+100需增加800m斜井施工拆卸洞,如图4-2-6所示。

本方案存在着深基坑开挖及高边坡防护、大断面开挖等难点。

方案二:出口(DK81+887)始发,洞身(DK76+500)接收。

出口段已施工掌子面里程为DK81+887,考虑到出口围岩为泥岩夹砂岩,围岩较稳定,故在掌子面前方施作始发洞。盾构接收考虑在洞身浅埋沟DK76+500处施作接收井,如图4-2-7所示。

本方案盾构采用洞内拼装时耗时较长,施工条件差。从出口始发,盾构机需掘进泥岩1.9km,盾构长距离在该种地层中掘进需更换刀盘(约增加5000万元),掘进风险大,同时该方案存在着管片预制场、泥水分离场等选址困难。

本方案存在着深基坑开挖及高边坡防护、大断面开挖等难点。

对上述各方案从施工难易程度、风险、经济性等多方面综合比选,借鉴国内外盾构始发实例及工程地面环境条件,建议盾构采用从DK76+500~DK76+660拼装场出发、施工至DK79+950,盾构从拆解洞进行拆解后从出口运出的施工方案。

2.盾构断面设计

1)内轮廓及断面设计

在内轮廓设计中,主要考虑以下几方面的因素:

①隧道建筑限界。

胡麻岭隧道设计为一座双线隧道,设计时速为200km/h,隧道衬砌内轮廓应满足《新建时速200公里客货共线铁路设计暂行规定》(铁建设函〔2005〕285号)中电力牵引铁路双层集装箱运输隧道建筑限界(SJX-SD)的要求,轨面以上净空横断面面积不小于80m²进行设计。

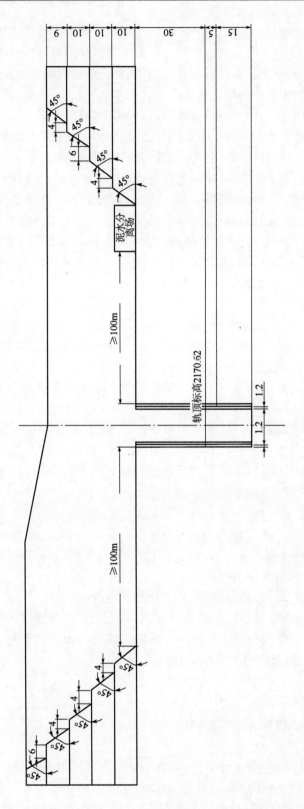

图4-2-4 DK76+500横断面(尺寸单位:m)

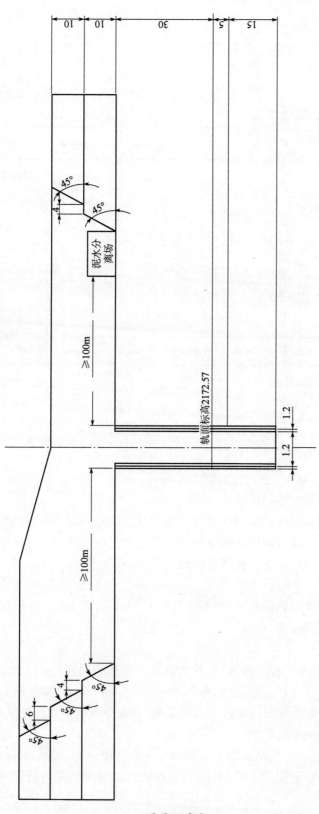

图4-2-5 DK76+660横断面(尺寸单位:m)

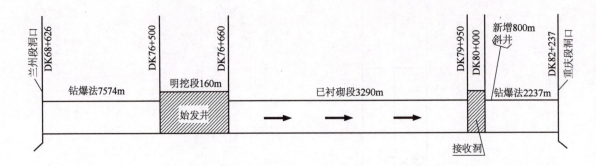

图 4-2-6　方案一 平面示意图

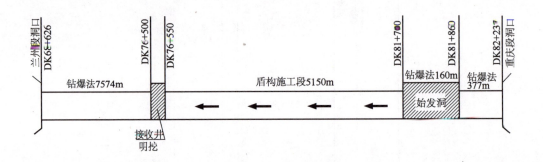

图 4-2-7　方案二 平面示意图

②线间距。

一般段线间距 4.4m 设计,最大线间距为 4.6m。

③考虑各种运营设备布置的需要。

隧道内主要运营设备有:给排水管、消防箱、照明灯具、变压器、配电箱、电话箱、车道信号、扬声器以及各种电缆等。通信信号电缆及电力电缆布置在隧道两侧的电缆槽内。其余设备均根据设备安装、使用、维护要求布置在隧道侧面。

④救援空间。

隧道内双侧设置贯通的救援通道,救援通道宽 1.25m,高 2.2m,外侧距线路中线 2.3m,救援通道走行路面比内轨顶面高 30cm。

⑤施工误差。

由于地质、结构以及施工技术等因素,盾构法施工的隧道衬砌的误差是不可避免的,施工误差共包含以下几部分误差:线路拟合误差 20mm、后期沉降 50mm、轴线施工误差(蛇行误差) 80mm,结合本工程的具体情况及盾构机的选型情况,并参考既有盾构法隧道的施工经验,拟定隧道的预留误差为 150mm。

南京施工的盾构断面:开挖断面为 175.06m^3,开挖直径为 14.93m,管片外径为 14.5m,管片内径为 13.3m。内净空面积为 104.65m^2,其盾构机可以满足胡麻岭隧道的限界和内轮廓要求,如图 4-2-8 所示。

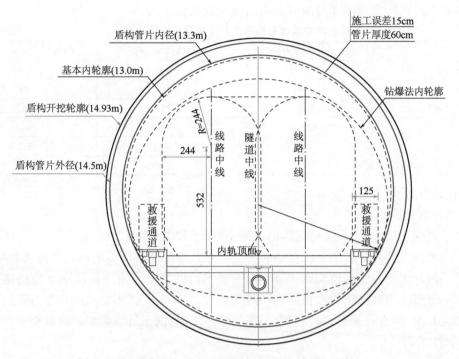

图 4-2-8　南京施工的盾构断面图(尺寸单位:cm)

胡麻岭隧道实际断面:该断面根据实际所需尺寸拟定,轨上面积为 89.2 m²,开挖面积为 154.82 m²,开挖直径为 14.04 m,管片外径为 13.84 m,管片内径为 12.74 m,如图 4-2-9 所示。

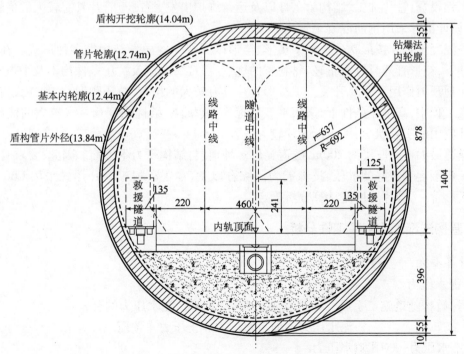

图 4-2-9　胡麻岭盾构实际所需断面(尺寸单位:cm)

胡麻岭隧道实际盾构断面与南京盾构断面比较见表4-2-2。

胡麻岭实际盾构断面与南京盾构断面比较　　　　　表4-2-2

项　目	南京隧道断面	胡麻岭实际断面	（南京－实际）差值
轨上面积(m^2)	104.65	89.2	15.45
盾构直径(cm)	1493	1404	89
管片厚度(cm)	60	55	5
开挖(m^3)	175.1	150.4	24.7
管片圬工(m^3)	26.2(C60管片)	23(C50管片)	3.2
轨下圬工(m^3)	24.32	28.69	－4.37

2）衬砌结构设计

（1）管片选型

衬砌是直接支承地层，保持规定的隧道净空，防止渗漏，同时又能承受施工运营阶段荷载的结构。一般是由管片拼装的一次衬砌和必要时在其内部浇筑混凝土的二次衬砌所组成。

总结国内外大型盾构隧道实例，采用单、双层结构的都有。南京长江水下盾构隧道证明，采用具有一定接头刚度的单层柔性衬砌环是成功的、合理的。圆形隧道的变形、接缝张开量及混凝土裂缝开展、防水效果等，均控制在预期的效果之内，满足隧道断面的设计要求。

（2）管片结构形式

管片材料的分类：目前制作管片的材料种类有混凝土、铸铁、钢材、复合材料等。混凝土管片由于具有一定的强度，加工制作比较容易、耐腐蚀、造价低，盾构隧道衬砌结构逐渐发展为拼装式钢筋混凝土管片为主。

从工程投资、管片加工、结构耐久性以及运营维护出发，混凝土管片具有较大的优越性，因此，本次设计推荐采用钢筋混凝土管片。

钢筋混凝土管片按形状分类：平板形、箱形以及特殊的异形结构等多种形式。在相等厚度的条件下，箱形管片具有重量轻、材料省的优点，但抗弯刚度及抗压条件均不及平板管片，在盾构千斤顶顶力作用下容易开裂。平板形管片具有较大的抗弯、抗压刚度，尤其在大直径水底盾构隧道工程中，高水压条件下，采用平板形管片，其抗浮、结构刚度均具有较大的优越性，根据国内外应用的实际状况，平板形管片较为适合。

本隧道最大覆土厚度约200m，隧道穿越多种地层，结构受力不均衡。因此，要求管片具有较大的抗弯刚度和良好的抗压、抗渗能力。综合以上，本工程衬砌管片形式采用C60钢筋混凝土平板形管片，管片厚度需计算分析确定。

三、盾构法施工围岩稳定性分析

1．计算参数

（1）泥水压力

根据《盾构隧道施工手册》（人民交通出版社，2005），泥水压力的公式：

泥水压力＝地下水压力＋土压力＋预压　　　　　　　　　　　　　　　　　　(4-2-1)

式中：地下水压力——孔隙水压力；

土压力——掘削面的水平土压力，典型的考虑方法见表4-2-3；

预压——考虑地下水压和土压的设定误差及送、排泥设备中的泥水压变动等因素,根据经验确定压力,通常为 0.02~0.03MPa。

土压计算方法　　　　　　　　　　　　表 4-2-3

土压设定方法	基准荷载	土压类型	计算公式	适用土质
掘削面前端水平土压法	全部覆盖土层的荷载（竖直土压力）γh	主动土压	$\gamma h \times \tan^2\left(45° - \dfrac{\varphi}{2}\right) - 2c \times \tan\left(45° - \dfrac{\varphi}{2}\right)$	黏土
			$\gamma h \times \tan^2\left(45° - \dfrac{\varphi}{2}\right)$	砂土
		静止土压	$\gamma h \times (1 - \sin\varphi')$	黏土
	松弛土块荷载	松弛土压	$K_0 B\left(\gamma - \dfrac{c}{B}\right) \times \left[1 - e^{-K \times \tan(H/B)}\right] + K_a W_0 e^{-K \times \tan(H/B)}$	砂土、硬黏土

注：γ——掘削土体重度；
　　h——掘削面上顶到地表的覆盖土层厚度(m)；
　　c——土体的黏聚力；
　　φ——土体的内摩擦角；
　　φ'——土体的有效内摩擦角；
　　K——水平土压力系数；
　　B——松动圈的半宽度；
　　W_0——地表荷载；
　　K_0——被动土压力系数，$K_0 = \dfrac{K_a}{K \cdot \tan\varphi}$；
　　K_a——主动土压力系数。

(2) 地下水压力

地下水位高于隧道顶部时,由于地层孔隙、裂隙的存在,形成侧向地下水压。地下水压力的大小与水力梯度、地层渗透系数、管片背后砂浆的凝结时间、渗透系数及渗透时间有关。由于地下水流经土体时受到土体的阻力产生水头损失,因此作用在刀盘上的水压力一般小于该地层处的理论水头压力。

掘进过程中,随着刀盘不断向前推进,土仓内的压力处于原始土压力值附近,考虑水在土中流动时的阻力,掘进时地层中的水压力可以根据地层的渗透系数酌情考虑。

盾构机因故停机时,由于地层中压力水头差的存在,地下水必然会不断向土仓内流动,直至将地层中压力水头差消除为止。此时土仓的水压力为：

$$\sigma_{w刀盘前} = q\lambda h \tag{4-2-2}$$

式中：q——根据土层渗透系数确定的经验数值,砂土 q 为 0.5~1.0,黏性土 q 为 0.1~0.5；风化岩层为 0~0.5；
　　λ——水的容重；
　　h——地下水位距刀盘顶部的高度。

施工中,如果管片顶部的注浆不太密实,地下水可能会沿隧道衬砌外部的空隙形成过水通道。当盾构机长时间停机时,必将形成一定的压力水头。此时的地下水压为：

$$\sigma_{w盾构后} = q_{砂浆}\gamma h_w \tag{4-2-3}$$

式中：$q_{砂浆}$——根据砂浆的渗透系数和注浆的饱满程度确定的经验数值,一般取 $q_{砂浆} = 0.5~1.0$；

γ——水的容重；

h_w——补强注浆处与刀盘顶部的高差。

计算水压力时,盾尾后部的水压力与刀盘前方的水压力取大值考虑。

根据胡麻岭隧道的埋深情况,分成埋深 65m 和埋深 200m 两种情况来考虑。根据计算,得到泥水压力见表 4-2-4。

泥水压力值　　　　　表 4-2-4

埋深(m)	泥水压力(MPa)
65	0.66
200	1.83

2. 埋深 65m 段计算模型

本计算采用大型有限元分析软件 ANSYS 建立泥水平衡的三维模型并导入 FLAC3D5.0 进行开挖模拟计算。根据工程实际情况,隧道埋深在 50～200m 不等,本模型按埋深 65m,且地层为单一粉细砂岩,模型参数取值见表 4-2-5,管片参数见表 4-2-6。

模型参数取值　　　　　表 4-2-5

类别	体积模量 K (Pa)	剪切模量 G (Pa)	密度 ρ (kg/m³)	内摩擦角 φ (°)	黏聚力 c (Pa)	弹性模量 E (Pa)
砂土	1.11×10^8	5.17×10^7	2130	44.56	2×10^3	1.2×10^8
盾构管片	1.83×10^{10}	1.55×10^{10}	2400	54.9	3.18×10^6	3.65×10^{10}
注浆材料	2.37×10^7	1.78×10^7	2200	30	1×10^4	4.27×10^7
盾壳	1.94×10^{11}	9.05×10^{10}	7850			2.1×10^{11}
黄土	1.11×10^8	5.17×10^7	2140	26.1	2.61×10^4	1.2×10^8

盾构管片参数　　　　　表 4-2-6

材料	C60 钢筋混凝土,抗渗等级 S12
外径	14.5m
内径	13.3m
厚度	0.6m
宽度	2.0m
每环片数	7+2+1(衬砌环全环由封顶块 F 2 块邻接块 L 和 7 块标准块 B 构成)
单块管片最大质量	约 15t

模型高 115m,宽 200m,深 100m。隧道中心距顶部 65m,盾构开挖半径 7.465m,管片外半径 7.25m,内半径 6.65m。模型共 176144 个单元,2m 为一个管片宽度,设为一个开挖循环进尺,效果如图 4-2-10 和图 4-2-11 所示。

第一阶段($Z = 0 \sim 14$m):开挖首个循环,开挖进尺 2m。在掌子面施加盾构机顶进压力。如此连续 7 个循环,盾构头部 14m 全部进入土体。

第二阶段($Z = 14 \sim 22$m):当盾壳全部进入土体之后,开始进行管片拼装以及壁后注浆。

3. 埋深 65m 段计算结果分析

根据计算,管片最大拉应力 3.94MPa,最大压应力 12.4MPa。隧道顶部拱顶下沉最大值为

0.177m,隧道底部隆起最大值为0.146m,隧道左侧和右侧收敛分别为0.072m和0.072m。计算结果满足管片结构的受力变形要求。

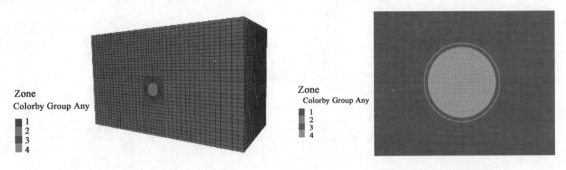

图 4-2-10　埋深65m模型单元划分　　　　图 4-2-11　埋深65m模型单元划分

4. 埋深200m段计算模型

模型高250m,宽200m,深100m。隧道中心上部130m范围内为富水粉质砂层,130~200m范围内为Q_3黄土。其模型与计算工序同上。

5. 埋深200m段计算结果分析

根据计算结果,管片最大拉应力可达到11.5MPa,最大压应力为45.4MPa。隧道顶部拱顶下沉可达到0.468m,隧道底部隆起也达到0.418m,隧道左侧和右侧收敛分别为0.227m和0.228m,计算结果不满足管片结构的受力变形要求。

四、风险及存在问题

(1)盾构施工所需要的场地设计征地拆迁量比较大。
(2)盾构运输方案尚需委托专业大件运输公司落实。
(3)对南京盾构在胡麻岭隧道极端情况下(如塌方等)的适应性应进一步研究。
(4)外部电源等需进一步与电力部门详细落实。
(5)具体盾构施工涉及的出发及接收场地设计、大临专项设计尚需方案明确后开展工作。
(6)地质工作待方案明确后补充。
(7)连续体计算模型计算结果显示,在深埋段不满足管片结构的受力变形要求。

第三节　冻结法方案研究

本方案主要针对7号竖井处正洞进行试验段(长度30m)冻结法施工。

一、整体方案

采用"水平冻结加固土体、矿山法开挖构筑"的施工方案,即在现场施工竖井内钻一定长度的水平冻结孔,冻结加固开挖轮廓外一定范围内的土体,在冻结帷幕隧道长度方向最前端土体确保稳定的情况下(即在开挖过程中,掌子面不会受到最前方未冻区水土的影响),不再增加垂直冻结板块,然后采取矿山法施工,如图4-3-1所示。

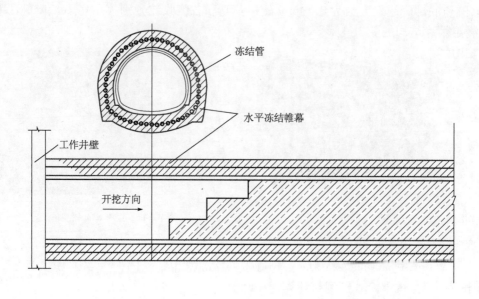

图 4-3-1　水平冻结加固土体、矿山法开挖构筑示意图

二、施工工艺流程

施工工艺流程如图 4-3-2 所示。

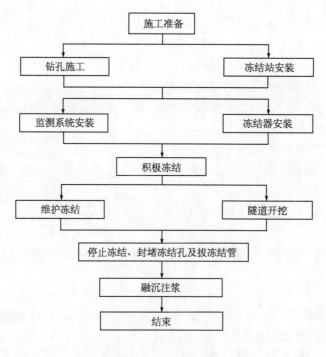

图 4-3-2　施工工艺流程

三、冻结帷幕设计

1. 基本参数

冻结温度场热物理参数,见表 4-3-1 ~ 表 4-3-3。冻结帷幕强度指标:人工冻土帷幕平均温度取 -10℃,人工冻土强度参数见表 4-3-4 ~ 表 4-3-6。

热物理参数测定成果　　　　　　　　表 4-3-1

土样编号	土样名称	土的比热(J/g·K)
D1	砂质黄土	1.38
D2	粉细砂	1.17

不同温度下导热系数　　　　　　　　表 4-3-2

岩性	不同温度导热系数(W/m·k)				
	-20℃	-10℃	冰点	10℃	20℃
砂质黄土	1.962	1.786	1.511	1.335	1.109
粉细砂	1.925	1.726	1.538	1.253	1.066

试验土层的冻结温度　　　　　　　　表 4-3-3

土样编号	土层编号	冻结温度(℃)	备注
D1	砂质黄土	-2.5	
D3	粉细砂	-2.6	

冻土弹性模量与温度的关系(MPa)　　　　表 4-3-4

编号	岩性	试验温度		
		-5℃	-10℃	-15℃
D1	砂质黄土	100	110	157
D3	粉细砂	43	70	99

冻土单轴抗压强度与温度的关系　　　　表 4-3-5

地层分组	土性	试验温度					
		-5℃		-10℃		-15℃	
		单轴强度(MPa)	平均值(MPa)	单轴强度(MPa)	平均值(MPa)	单轴强度(MPa)	平均值(MPa)
D1	砂质黄土	2.55	2.71	6.47	6.53	9.46	9.31
		2.80		6.38		9.32	
		2.80		6.75		9.16	
D3	粉细砂	0.43	0.53	1.99	3.00	4.30	4.13
		0.56		1.99		4.27	
		0.60		2.04		4.16	

冻土抗折强度试验成果　　　　　　　　　　表 4-3-6

土样编号	岩性	试验温度					
		−5℃		−10℃		−15℃	
		抗折强度（MPa）	平均值（MPa）	抗折强度（MPa）	平均值（MPa）	抗折强度（MPa）	平均值（MPa）
D1	砂质黄土	1.26 1.48 1.34	1.36	3.25 3.49 3.65	3.46	5.07 4.90 5.31	5.10
D3	粉细砂	0.91 0.82 1.02	0.92	2.06 1.98 2.13	2.05	2.15 2.24 2.36	2.25

2. 冻结帷幕加固尺寸

根据类似工程，拟冻结帷幕厚度取 2.5m，冻结长度 30m。

3. 围岩温度场计算分析

模拟采用的模型宽度和高度均为 50.0m，几何模型及其分组情况以台阶开挖后的情况为例，以冻结管间距为 1m 计算，如图 4-3-3 所示。

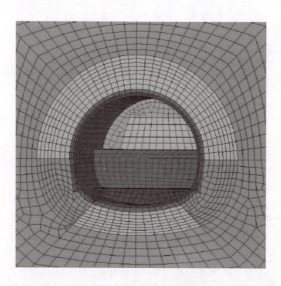

图 4-3-3　几何模型及分组情况

开挖之前进行积极冻结，盐水温度控制在 −28.0°C 左右，冻结 50d，随土层的冻结发展，赋予已经冻结土层冻土的热物理属性，以体现冻结的发展。土的导热系数随冻结的发展而增加，最终达到某一稳定值。图 4-3-4 所示分别为积极冻结 20d 和积极冻结 50d 时温度场分布云图。

积极冻结结束后，冻结壁的厚度分布，如图 4-3-5 所示，冻结壁平均厚度达到 2.6m。通过冻结温度场和开挖情况下应力场的模拟，冻结 50d，冻结厚度达 2.6m，平均温度达 −12.5°C。

开挖条件下最大位移在拱顶部位,最大变形量达62mm。

隧道开挖应力与位移分布如图4-3-6、如图4-3-7所示。

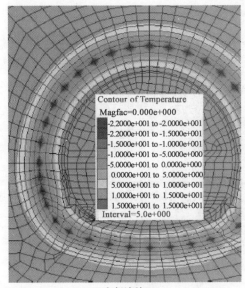
a)积极冻结20d

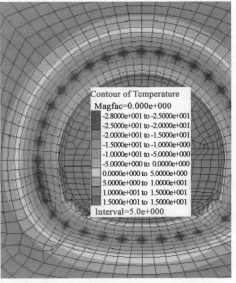
b)积极冻结50d

图4-3-4 冻结温度场云图分布(单位：℃)

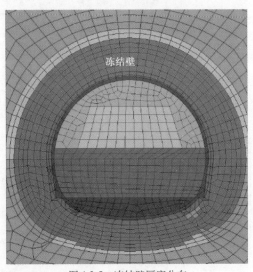

图4-3-5 冻结壁厚度分布

4. 冻结孔的布置

根据冻结帷幕范围布置冻结孔,开挖断面周边的冻结孔按孔间距1m布置。布置中心线距开挖面1.3m,共布置52个冻结孔,每根长度32m,共计1664m。

选用冻结管规格为$\phi 108 \times 8mm$低碳钢无缝钢管。

5. 测温孔布置

在冻结范围内沿冻结方向布置8个测温孔,主要目的是测量冻结帷幕范围不同部位的土体温度发展状况,确保冻结帷幕交圈和检测冻结加固效果。

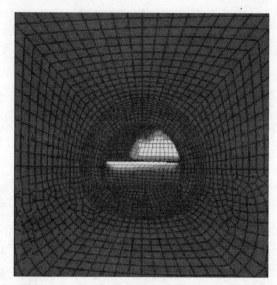

图 4-3-6　隧道开挖台阶 2 位移分布(单位:Pa)

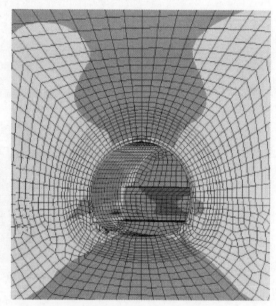

图 4-3-7　隧道开挖后竖向应力分布(单位:Pa)

每根测温管长度取 32m,共计 256m。

测温管选用 $\phi 108 \times 8$mm 钢管,钻孔质量要求同冻结管。

在管内每隔 5m 安装一个热电偶,并按一定的频率进行测量,以便及时地掌握冻结帷幕的发展情况。

6. 泄压孔布置

在冻结帷幕封闭区域内布置 4 个泄压孔,用于监测冻结帷幕内的土体压力变化情况。积极冻结期间作为判断冻结帷幕的形成间接依据,同时可直接释放可能过高的冻胀力。

泄压管长度暂取 10m,共计 40m,选用 $\phi 108 \times 8mm$ 钢管。

在泄压管上安装阀门和压力表,进入土体段钻孔呈梅花状,以确保冻结帷幕内的压力有效传递。

当冻结帷幕内的土体压力大于同标高原始水土压力 0.15MPa 时,即可打开泄压阀泄压。

7. 冻结系统的保温设计

冻结系统需要保温的低温部分主要包括冷冻机组低温部位(蒸发器及相关管路)、盐水循环管路、盐水箱及盐水泵等。

保温材料选用聚乙烯保温材料,厚度 5cm,外面铺设一道塑料防潮层。

冻结体与竖井接合面处冷量损失较大,直接影响冻结土体的加固强度。采用在竖井面布置冻结排管和外铺保温层方式,如图 4-3-8 所示。

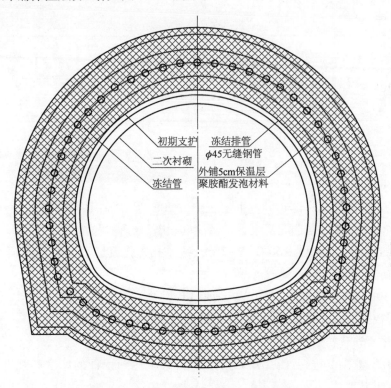

图 4-3-8　冻结帷幕与竖井接合面的加强保温图

四、制冷系统设计

1. 氟循环系统

水平冻结站选用 W-YSLGF600Ⅱ型螺杆冷冻机 1 台(图 4-3-9),电机功率 220kW。W-YS-LGF300Ⅱ型螺杆冷冻机 2 台,电机功率 110kW,其中 1 台为备用机组。

图 4-3-9　螺杆冷冻机

2.冷冻水循环系统

循环冷冻液采用盐水,相关参数见表 4-3-7。

盐水循环系统参数　　　　表 4-3-7

项目名称	参数	项目名称	参数
出水温度(℃)	-30	水管规格(mm)	DN150 无缝钢管
回水温度(℃)	-25	离心水泵	2 台 IS150-125-315
流量(m³/h)	150		

五、冻结施工

1.冻结站安装

冻结站布置地面上,远离隧道开挖面的正上方 20m 远。地面要求进行混凝土硬化和平整处理,大约需要 300m²。根据选配机组数量及配套设备,合理布置冻结设备。

冻结运转的冻结盐水温度 -30℃ ~ -25℃;冻结孔每孔流量不小于 3m³/h。

2.冻结时间

积极冻结 50d,维护冻结暂定 15d(与开挖过程同步),中间不得停止冻结,如中间因其因素停止冻结,需根据测温孔温度分析,相应地延长冻结时间。

3.开挖条件及过程控制

通过测温孔所测温度进行计算分析冻结效果,必须达到设计的厚度和强度(平均温度不高于 -10℃)方可开挖。

通过泄压孔压力进一步间接判断冻结帷幕的交圈情况,确保冻结帷幕充分交圈。在开挖面打若干探孔,探测开挖面的稳定情况,不得有承压状水土涌出。

必须保证冻结机组的正常运转,并做好要备用机组的检修保养工作。确保水、电的不间断供应,并考虑一定的应急措施。开挖过程中,必须对测温孔的温度进行定期测量,跟踪土体温度影响变化趋势,必须保证各个盐水管路通畅。对开挖面土体进行温度实测,以跟踪温度变化,来指导施工。

对开挖断面进行变形监测,以尽快地掌握断面变形情况,早发现问题,早处理。开挖面土体暴露不得超过 24h,否则必须采用保温措施,防止冻结帷幕融化。

六、冻胀与融沉控制

1. 冻胀控制

土层冻胀主要是土层中水结冰膨胀引起,影响冻胀的因素除含水量的多少外,还与冻土压力大小、冻结速度快慢、冻结温度高低、冻土中水量补给状况等因素有关。

根据现场取土试验结果,土体的冻胀特性见表 4-3-8,均属于弱冻胀土。

冻土冻胀力、冻胀率汇总　　　　　　　　表 4-3-8

分　组	土　性	冻胀率(%)	冻胀力(MPa)
D1	砂质黄土	3.67	0.87
D3	粉细砂	1.08	1.25

2. 融沉控制

冻土的融沉是相对冻胀产生的,冻胀率小,而相应的融沉率也小。在冻土融化后,土中水分因自重作用渐小,融土在围岩压力及土颗粒自重作用下,压缩体积引起融沉。人工地层冻结施工中,影响地层或地表的沉降的原因很多,除冻土融沉本身影响因素外,如开挖施工中支护方式、冻结壁变形大小、衬砌和土层的接触是否密实,均是影响沉降的关键。

七、风险及存在的问题

1. 埋深 200m 段计算分析

(1) 计算模型。

隧道中心上部 130m 范围内为富水粉质砂层,130~200m 范围内为 Q_3 黄土。其模型与计算工序同本节前述。

(2) 计算参数。

冻结温度场热物理参数,见表 4-3-1~表 4-3-6。冻结帷幕强度指标:人工冻土帷幕平均温度取 -10℃。

(3) 衬砌结构应力场计算结果如图 4-3-10、图 4-3-11 所示。

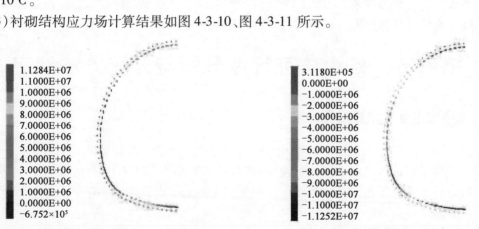

图 4-3-10　取消主动冻结后衬砌第一主应力云图(单位:Pa)　　图 4-3-11　取消主动冻结后衬砌第三主应力云图(单位:Pa)

由图4-3-11可知,取消主动冻结,围岩温度恢复到15℃后,衬砌应力向量分析可知,拱底内侧的环向应力为第一主应力,拱底外侧的环向力为第二或第三应力,而拱底内侧受拉应力为11.27MPa,外侧约为-2MPa,结构应力较大,即融沉造成的隧道衬砌应力超出其截面承载能力。

(4)位移场计算结果如图4-3-12所示。

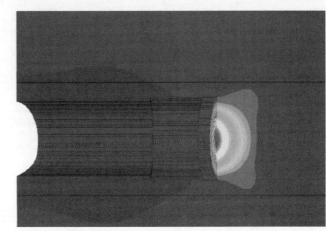

图4-3-12 埋深200m围岩隧道纵向方向位移图

从纵向位移图可知,掌子面向外凸起达175cm,松动范围为掌子面前方3.5m左右。

取消主动冻结,围岩温度恢复到15℃后,围岩竖向最大位移为3.8cm,衬砌最大竖向位移为2.3cm。

综上所述,在此种地层条件下,对于埋深60m左右的情况下,冻结法可以使用。但是埋深为200m左右,冻结过程中掌子面未加设冻结管时,计算纵向变形达到175cm,掌子面不稳定。取消主动冻结后造成的结构融沉应变过大,导致二衬局部受拉破坏。

2. 其他风险

钻孔时孔口处易出现涌水、流砂现象,长距离水平成孔困难,冻结管准确布置难度极大;冻结帷幕本身承载能力有限,在极端条件(大深埋或厚层砂层、塌方等情况)有冻结帷幕承载能力不满足的风险,当施工变形过大时,极易造成冻结管断裂甚至冻结帷幕破坏失效;掌子面与前方未冻土体有着水力联系,开挖时,在压力水的作用下,内外形成流水通道,流水会带走冻结帷幕的冷量而降低加固厚度、强度,进而影响预期冻结效果。

第四节 矿山法可行性分析与开挖方法确定

一、盾构法和矿山法适应性比较

1. 矿山法

含水砂岩采用钻爆法施工极其艰险,需在现场进一步开展CRD法、双侧壁法、水平旋喷、帷幕注浆等技术措施工艺、工法的试验,并补充或完善施工设备等。

2. 盾构法

(1)地质条件基本适应

初步分析认为南京过江采用的泥水平衡盾构是适应胡麻岭隧道地质条件,总体上是可行的。但也存在大埋深、地层软硬不均、水囊、长段落泥岩砾岩等地质风险,同时对盾构在极端条件(如塌方等情况)的适应性应进一步论证,对深埋段管片结构承载能力应进一步论证。

(2)断面条件(表 4-4-1)

胡麻岭隧道施工方案断面比较 表 4-4-1

项　目	南京隧道断面	钻爆法断面	(南京-钻爆)差值
盾构直径(cm)	1493	1400(开挖宽度)	93
管片厚度(cm)	60	50/55(衬砌厚度)	10/5
轨上面积(m²)	104.65	87.13	17.52
开挖(m³)	175.1	138.03	37.07
管片衬砌(m³)	26.2(C60管片)	19.88(C40衬砌)	6.32
轨下圬工(m³)	21.97	11.69	12.62

南京盾构隧道轨上面积为 104.65m²,满足《新建时速 200 公里客货共线铁路设计暂行规定》(铁建设函〔2005〕285 号)中电力牵引铁路双层集装箱运输隧道建筑限界(SJX-SD)轨面以上净空面积不小于 80m² 的要求,但开挖、管片衬砌、仰拱填充等均大于钻爆法断面,存在极大程度的浪费。

(3)出发接收场

胡麻岭隧道于 2010 年 2 月正式开工,洞身 DK75+800～DK79+600 为第三系砂岩,拟采用盾构施工,该段埋深 30～200m,出发及到达场地布置具有很大的难度,选择性非常少。进洞拟选择始发井、出洞选择接收洞的方案,始发井 DK76+500～DK76+660(160m)埋深约为 80m,上部放坡开挖、下部采用地下连续墙(墙深 50m)深基坑的方法施作始发井,接收洞(50m×20m×35m)拟选择围岩较好的泥岩地段施作,其含水砂岩深基坑、高边坡防护、大断面接收洞、长段落泥岩掘进等具有很大的风险和不确定性。

(4)大临设施

采用盾构法施工时需大量的征地拆迁,考虑到建场和修建施工便道等其数量将进一步增大。

(5)盾构机运输

南京盾构最大组件宽 8.7m,净空 4.5m 限界,最重组件 260t,属六级运输(国内大件运输最高级),南京到定西线路总长约 3500km,其最大难点在于长距离,跨省份的多方协调论证,交通管制,路政通行许可,沿途收费站道口的改造拆除,沿途所经桥梁隧道的验算通行等,难度和工作量非常大,且具有很大的不确定性和风险。

3. 工期比较

2010 年 8 月,经对南京盾构的考察,盾构法施工效率约 250m/月。矿山法工效 15m/月～20m/月,见表 4-4-2,矿山法在工艺工法、设备不能保证的前提下,其工期具有不确定性,而盾构正常施工的工期较为固定,但考虑到大件运输、深基坑施工、高边坡防护、大断面开挖等风险,施工也具有很大的不确定性。

胡麻岭隧道施工方案工期分析比较 表 4-4-2

项目	盾构法（250m/月）	矿山法（20m/月）	矿山法（15m/月）
工期	32.2	28.7	35.0

4.经济比较

在对南京盾构考察基础上，经分析矿山法较盾构法方案在投资上具有优势，但胡麻岭隧道洞身段围岩极差，采用矿山法施工时需对多种工法及措施进行试验和调整，其投资具有不确定性；而盾构施工时在极端情况下（如塌方等）其投资也具有不确定性。

5.盾构与矿山法方案综合比较结论

具体比较结果见表 4-4-3。

盾构与矿山法方案综合比较 表 4-4-3

方案	盾构法	矿山法
方案	DK76+500~DK80+000 段采用盾构施工	采用5座辅助坑道辅助施工
施工难点	1.存在大件运输等不确定因素； 2.含水砂岩深基坑开挖等； 3.地层软硬不均	含水第三系粉细砂成岩作用差、受地下水影响，粉细砂遇水呈稀泥状，墙脚滑塌，施工极度困难，进度慢
施工用地	管片预制场、泥浆处理厂以及盾构始发、到达等需要场地面积大、条件高	辅助坑道占用场地面积小；永久占地少
施工效率	施工效率高、快速	施工效率低、施工进度慢
建筑材料及要求	C60钢筋混凝土，抗渗等级S10，管片通过工厂预制，外形尺寸和质量容易保证，无其他特殊要求	初期支护采用湿喷混凝土，二次衬砌采用钢筋混凝土
水对工程的影响程度	水对施工无影响	不降水无法洞内施工
断面布置	圆形断面，断面利用率低，隧道内轨下空间浪费	断面为马蹄形，断面利用率高
施工安排	主要工序如掘进、出碴、管片拼装等需在狭窄的掌子面处进行，对洞内地层加固比较困难	工期通过增加竖井，可灵活调整，可平行作业，对洞内加固处理灵活
障碍物处理难度	较困难	较容易
施工安全性	较高	较低
废弃工程	无法利用工程多，3、4号座斜井已施作1252m均废弃，共计5430.2万元	现有工程利用率高，充分利用斜井辅助正洞施工
施工质量	由预制构件拼装，施工质量可以控制	多道工序由人工控制，施工质量不确定性大
投资	大	小
建设工期	32.2个月	20m/月~28.7个月 15m/月~35个月

采用矿山法施工时,比较灵活,可以随时调整施工方案,胡麻岭围岩差,施工困难、效率低、风险高,而采用盾构法进行掘进,施工技术先进、效率高、管片质量好,但其投资较大、废弃工程多,同时存在深基坑施工、大件运输等风险及不确定因素。

二、矿山法可行性理论分析

通过对胡麻岭隧道粉细砂岩的分析计算,论述矿山法在降水与不降水情况下的可行性,以及对矿山法开挖隧道中的超前注浆加固措施、超前掌子面加固、初期支护、二次衬砌的作用相对大小有一个较清楚的认识。

计算分析共分为四种情况,第三系弱胶结砂岩地层埋深分别为60m和200m,地层不降水和降水后的矿山法施工;此外分别开展了不同加固圈厚度的效果分析,开挖方法统一为三台阶预留核心土法。

1. 计算参数和模型

(1)计算参数

土层参数、注浆参数以及初支二衬参数见表4-4-4~表4-4-7。

降水条件下深埋时地层参数　　　　　表4-4-4

土样编号	土样名称	土层厚度(m)	密度(kg/m²)	含水率(%)	黏聚力(kPa)	内摩擦角(°)	弹性模量(MPa)	泊松比
D1	砂质黄土	70	1700	16				0.25
D2	粉细砂	130	2000	16	55	40.32	123	0.25

不降水条件下深埋时地层参数　　　　　表4-4-5

土样编号	土样名称	土层厚度(m)	密度(kg/m²)	含水率(%)	黏聚力(kPa)	内摩擦角(°)	弹性模量(MPa)	泊松比
D1	砂质黄土	70	1700	16				0.25
D2	粉细砂	130	2153	42	2	40.32	50	0.25

降水条件不同支护措施的参数　　　　　表4-4-6

支护措施	体积模量(MPa)	剪切模量(MPa)	黏聚力(kPa)	内摩擦角(°)	密度(kg/m²)
注浆加固	112	65	70	50.4	2100
初期支护	20000	11200			2500
二次衬砌	17500	13100			2500

对于注浆加固和超前掌子面土层加固的地层参数,参考以往实验以及查阅相关资料,其参数确定假定为未加固地层参数的基础上提升30%。

(2)计算模型

深埋200m时,隧道顶部为130m的粉细砂以及70m的黄土;埋深60m时,隧道顶部全部为粉细砂。

不降水条件不同支护措施的参数　　　　　　　　　　　表 4-4-7

支 护 措 施	体积模量（MPa）	剪切模量（MPa）	黏聚力（kPa）	内摩擦角（°）	密度（kg/m²）
注浆加固	26	15	2.6	50.6	2100
初期支护	20000	11200			2500
二次衬砌	17500	13100			2500

模型采用 FLAC 3D 进行模拟。模型尺寸为 100m×80m×50m。模型底面和侧面采用位移约束,50m 埋深时上面为自由边界,200m 埋深时在上自由边界上附加地层荷载。

台阶法开挖步长为 2m,相应支护滞后 2m,二次衬砌在隧道开挖到 30m 时开始施作,每次衬砌长度 10m。

2. 埋深 200m(130m 厚粉细砂和 70m 黄土)、不降水工况

从计算结果来看,在施作 3m 长 360°加固圈之后的隧道顶部沉降达到 1.6m,底部拱起也达到了 1.2m 以上,隧道整体沉降最大处达到了将近 3m。所以,若隧道顶部 200m 埋深全部为富水弱胶结砂岩,且不降水的情况下,采用矿山法开挖隧道是不可行的。

3. 埋深 50m、降水工况

由计算结果可知,埋深 50m 的富水弱胶结砂岩地层,通过降水疏干地层后,隧道施工整体最大沉降均为 8cm,隧道顶部最大沉降在 5cm,所以降水后浅埋段使用矿山法开挖是可行的。但围岩塑性圈(图 4-4-1、图 4-4-2)可达地表,施工中若出现塌方时极易达到地表。

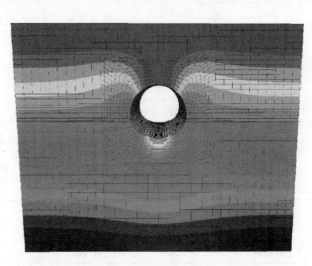

图 4-4-1　无超前加固时的围岩塑性区

4. 埋深 200m(130m 厚粉细砂和 70m 黄土)粉细砂、降水施工工况

从结果可知,130m 厚粉细砂和 70m 黄土地层,在降水和超前加固厚度 1.0m 条件下,隧道顶部最大沉降在 28cm,隧道的最大沉降有 40cm,矿山法施工可行。

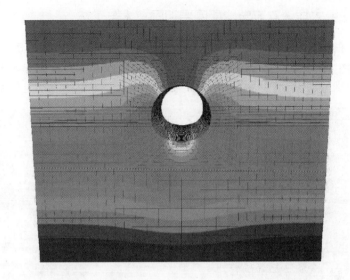

图 4-4-2　1.0m 超前加固圈时的围岩塑性区

三、矿山法适应性研究

矿山法、新意法和新奥法三种山岭隧道建造理念的指导思想、适用地层以及在胡麻岭隧道应用的优缺点比照等见表 4-4-8。

三种山岭隧道建造理念比照　　　　　表 4-4-8

施工方法	指导思想	适用地层	在胡麻岭隧道适用性比较			备注
			进度/月	费用/m	安全性	
矿山法	分割式开挖,并要求边挖边撑以求安全	适用几乎涵盖所有地层	12～18m	33万元	较高	辅以降水注浆技术
新意法	超前预加固减小或避免围岩变形	低黏聚力的软弱、控制地面沉降和挤压地层的隧道	10～16m	35万元	高	无
新奥法	利用围岩的自承能力和开挖面的空间约束作用	具有较长自稳时间的中等及以上岩体	不适用该地层			辅以降水注浆技术

单纯新奥法在胡麻岭隧道是不能采用的;新意法安全性高、进度略占优势、但费用高;矿山法施工难度也极大。

因此,研究选择上述三种方法各自长处,既选择了新意法中"运用超前支护和加固措施减小或避免围岩变形"的理念,又选择了新奥法中"尽快使支护结构闭合"的理念,也选择了矿山法"按分部顺序采取分部开挖,并要求边挖边撑以求安全"的理念,形成了降水疏干与注浆加固围岩的多分部施工方法,简称"胡麻岭方法"。

四、大埋深软流塑地层围岩加固技术与工法

根据地层独特的力学性质和水稳特征,确定采用六部 CRD 或九部双侧壁分部开挖施工工法(图 4-4-3、图 4-4-4),其辅助试管方法及支护参数见表 4-4-9,保证围岩及支护结构稳定性,并得到了成功应用,形成大埋深软流塑地层围岩加固技术与工法。

图 4-4-3 六部 CRD 施工现场

图 4-4-4 九部双侧壁施工现场

胡麻岭隧道富水弱胶结砂岩地层支护参数　　　　表 4-4-9

项　目	支　护　参　数
施工工法	采用六部 CRD 或九部双侧壁施工工法,预留变形量 35cm,开挖后采用 10cm 的 C25 喷混凝土封闭掌子面
超前支护	拱部 180°设 ϕ42 小导管,长 2.6m,间距 0.2m;超前预注浆,采用化学浆液或单液浆
初期支护	全环 C30 早高强混凝土 33cm;全环工 25a 型钢,间距 0.5m;双层 ϕ22 纵向连接筋;双层 ϕ8 钢筋网
二次衬砌	钢筋混凝土衬砌,拱墙厚 60cm,仰拱厚 60cm
回填注浆	全环设置径向 ϕ42 注浆小导管,长 3m,间距 3m×3m,注单液浆
综合降水	洞内采用深井真空负压降水和轻型井点相结合的降水方案,并辅以集水坑集中抽排的措施;洞外采用地表重力式深井降水辅助降水
横向排管	仰拱施工时施作 ϕ42 竖向钢管桩,$L=3.0$m,密排
基底处理	50~80cm 级配碎石换填

第五章 施工降水与围岩疏干技术

本章介绍洞内降水短距离围岩疏干技术、超前导洞降水长距离围岩疏干技术和低渗透性地层地表深井降水技术。

针对渗透性极低地层围岩的不同基本特征和不同性状,施工中经过试验总结,形成了:洞内台阶轻型井点降水技术、掌子面超前水平真空降水技术、洞内隧底重力深井负压降水技术、地表浅井重力式降水技术、地表深井重力式降水技术、地表超深井重力式降水技术和洞内外综合(组合)式降水技术。

在施工中经过综合降水后,围岩汗状渗水、流塑及流砂现象得到有效治理。其中,洞内超前水平真空降水应在开挖前 3d 进行,洞内台阶轻型井点降水及重力深井负压降水应随时跟进,洞外地表重力式深井降水应超前 15d 进行,方可稳定控制围岩含水率在 10% ~ 11% 范围,达到围岩暂时稳定的条件。

第一节 洞内降水短距离围岩疏干技术

一、轻型井点负压降水的基本原理

轻型井点降水主要由井点管(包括过滤器)、集水总管、抽水泵、真空泵等组成。井点启动抽水装置后,井点管、总管及储水箱内空气被吸走,形成一定的真空度(即负压)。由于管内系统外部地下水承受大气压力的作用,为了保持平衡状态,由高压区向低压区方向流动。所以,地下水被压入至井点管内,经总管至储水箱,然后用水泵抽走(或自流)。这种现象称为抽水(即吸水)。目前,抽水装置产生的真空度不可能达到绝对真空(0.1MPa)。依据抽水设备性能及管路系统施工质量具有一定的真空度状态。其井点吸水高度按下式计算:

$$H = \frac{H_V}{0.1\text{MPa}} \times 10.3 - \Delta h \tag{5-1-1}$$

式中:H_V——抽水装置所产生的真空度(MPa);
Δh——管路水头损失(取 0.3 ~ 0.5m);
0.1MPa——绝对真空度,相当于一个大气压(换算成水柱高为 10.3m)。

吸水深度表示井点管内吸水高度,此值不是基坑水位降低深度,两者的基本概念不同。图 5-1-1a)抽水装置安装在地面标高上,距地下水有一个距离高度。对降水而言,这个高度不但没有做功,反而有水头损失。因而,相对地下水位深度较浅。而图 5-1-1b)所示,抽水装置安装标高接近原地下水位。这就发挥了全部的吸水能力,达到最大的降水深度。

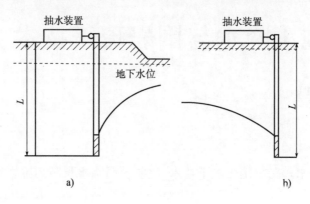

图 5-1-1　不同标高布置

二、洞内真空井点围岩疏干技术

1. 水平真空轻型井点降水(图 5-1-2)

因掌子面渗水作用,低渗透地层上半断面开挖后,水渗入中部及下部断面后,导致流坍无法开挖。因此在隧道下半断面设置水平真空降水管。布设方式为:距上、中台阶(六部交叉中

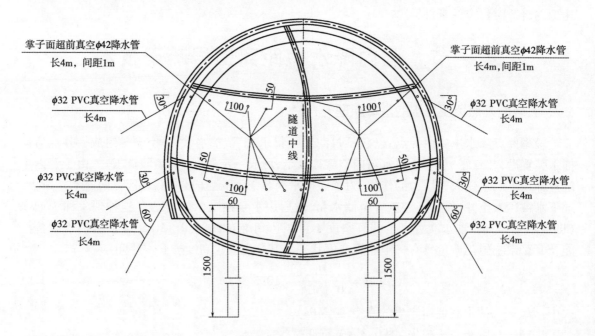

图 5-1-2　第三系弱胶结粉细砂岩全断面降水布置(尺寸单位:cm)

隔壁)下50cm处,在掌子面中间部位各布设4m长真空降水管,沿水平方向打设。

在地下水丰富区段上半断面围岩本身也处于超饱和状态,同样掌子面无法开挖,因此上半断面也需要设置水平真空降水管。在开挖轮廓线外采用超前水平真空降水,降水管施作长度15m,环向间距0.75m,降水管搭接长度5m,外插角10°。

采用XY-2地质钻机跟管钻孔,孔径ϕ89mm。降水管采用ϕ42mm钢管,长度15m,管外采用双层包裹,内层为土工布,外层包200目碳纤维滤网。

在必要情况下,正洞掌子面水平真空超前降水管由ϕ42mmPPR管改为ϕ75mm钢管。

2. 台阶轻型井点降水

在隧道侧壁上台阶两侧拱脚斜向下外插打设竖向降水管,井点位于距上、中台阶(六部交叉中隔壁)下50cm处,长度4m,外插角30°;在正洞底部两侧加设斜向降水管,外插角60°,长度4m;真空降水管纵向间距0.75m,每排真空降水管采用ϕ75mm主管连接,主管接入真空泵;支管采用ϕ32mm包双层100目滤网;支管和主管之间采用ϕ32mm钢丝软管连接,并在连接部位加设阀门,控制井管降水;主管和真空泵连接采用ϕ75mm钢丝软管连接。视地下水情况可对轻型井点降水管的间距进行调整。

3. 隧底重力真空深井降水

(1) 布置原则

深井一般沿隧底两侧布置,施工允许的情况也可在仰拱中布置一部分井(这样降水效果更好),井点应深入透水层6~9m,通常应比所需降水的深度深6~8m,井距一般为8~15m,井距太大时降水效果不好,如果计算出的数据使井间距大于15m,一般要进行修正,这其中还要考虑到有些水泵故障时,维修的间隔不能给附近水位上升过大,也就是说要有一定的富余度。

(2) 井点设计

降水井成孔孔径ϕ35cm,井径ϕ20cm,深15m,井管为ϕ200钢管,滤水管为圆孔式滤水管,外包双层200目碳纤维,滤料为粗砂,封孔材料为黏性土,封孔深度为4m,如图5-1-3所示。

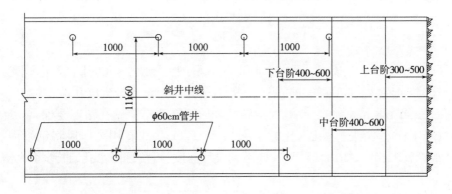

图5-1-3 重力真空深井降水布置(尺寸单位:cm)

两侧降水井位置布设单侧间距为10m,视地下水情况可对间距进行调整。洞内采用重力真空深井降水,根据现场出水情况而定;后方衬砌完成段落的降水井根据实际情况依次进行封堵。

三、洞内轻型井点施工工艺

1. 井点降水材料及连接

真空井点系统由井点管(管下端有滤管)、连接管、集水总管和抽水设备等组成。

支管采用 $\phi 32mm$ PVC 管,主管采用 $\phi 75mm$ PVC 管;插入土层的支管必须包双层 100 目滤网。每排支管与主管连接,主管接入真空泵。支管和主管之间采用 32mm 透明钢丝软管连接,并在连接部位加设阀门,控制井管降水;主管和真空泵连接采用 75mm 透明钢丝软管连接;降水过程中,真空负压控制在 $-0.06MPa$ 以下,如果压力升高,必须对降水管进行逐根排查,看有无漏气,同时必须检查插入土层中的降水管密封是否到位,漏气部位必须采用胶布缠紧。

抽水泵:自吸泵 ZGD 型;生产率 45L/min,电动机功率 1.8kW,转速 2850r/min,吸程 9m,每台泵可带 3~4 根降水管。

真空泵:Y 型;生产率 $30m^3/h$,扬程 25m,电动机功率 7.5kW,转速 2850r/min,可带 20~25 根降水管,如图 5-1-4 所示。

降水系统的布置如图 5-1-5 所示。

图 5-1-4　7.5kW 真空泵

图 5-1-5　降水系统

2. 井点管的埋设

降水管采用 $\phi 32mm$ PVC 管,下端 1m 钻 $\phi 10mm$ 梅花形孔,孔间距 5cm。外包双层 100 目过滤网,外缠 8 号铁丝、间距 20mm,防止放管时过滤网滑落而导致废孔。

降水孔采用 YT28 钻机钻孔,钻孔时从钻孔开始到钻孔结束钻孔角度要保持一致,避免孔径弯曲导致降水管放不到位。孔深比降水深 0.5~1.0m。成孔用高压风将钢管内的砂石吹出,再将降水管放入孔内,如出现降水管放不到设计深度,再清理降水孔,直到将降水管放到设计深度。

在井管与孔壁间及时用洁净中粗砂填注密实均匀,孔口处用锚固剂及时封堵。

3. 井点使用

井点使用前应进行试抽水,确认无漏水、漏气等异常现象后,应保证连续不断抽水。应备用双电源,以防断电。在抽水过程中,应定时观测水量、水位、真空度。

4. 洞内轻型井点真空降水要求

(1)真空降水必须根据掌子面开挖及时推进,降水班组与开挖班组必须做好配合工作。

(2)在隧道开挖过程中,将隧道底部潜水位降至隧道底以下不少于1.0m的深度,防止洞口涌水、流砂。

(3)加强对隧道内水位的观测,每天观测水位,及时掌握水位变化情况,以指导降水运行及隧道的开挖。

(4)当土质不良,渗透系数较大时,采用双排井点或将真空管间距适当加密。

(5)集水总管标高宜尽量接近地下水位线并沿抽水水流方向有0.25%~0.5%的上仰坡度,水泵轴心与总管齐平。

(6)支管与主管用透明钢丝软管连接连接,以便观察支管出水情况。在连接部位加设阀门,以便检查井点。

四、效果分析

在施工中经过洞内全断面轻型井点降水、超前水平真空降水、重力深井负压降水后,掌子面前方约5m围岩可疏干,10m范围渗水显著减少,掌子面渗水现象得到一定治理,如图5-1-4、图5-1-5所示。

洞内超强水平真空降水应在开挖前3d进行,洞内台阶轻型井点降水及重力深井负压降水应随时跟进,可稳定控制围岩含水率在10%~11%范围,达到预期降水效果。

第二节 超前导洞降水长距离围岩疏干技术

一、目的

前述洞内降水短距离围岩疏干技术仅可疏干工作面前方5.0m以内围岩,即每5.0m循环开展一次水平井、斜向井和隧道底部竖直井点施工,降水作用循环频繁,施工进度慢。

在掌子面施工至DK80+778时,掌子面围岩揭示上断面为第三系富水弱胶结砂岩,下断面为泥岩。利用下半断面为泥岩的优点,开挖隧道底部超前小导坑探明地质和提前疏干地下水,加快施工进度,这就是设置超前导洞要达到的目标。

二、导洞降水及施工方案

利用隧道底部为泥岩的有利条件,隧道出口涌水、流砂(DK80+778~DK80+748)段采用底部超前导洞和辐射管降水方案,台阶法施工。施工顺序为:超前导洞施工,导洞内泄水(降水),掌子面超前水平旋喷桩加固,分部开挖和二衬跟进。

三、超前导洞和辐射降水技术

1. 导洞底面设置位置

导洞在隧道内轨顶面以上50cm打设,由于导洞位于掌子面下台阶范围,下台阶里程

DK80+799,将导洞里程调整为 DK80+748～DK80+799,长度 51m。

2. 导洞断面及支护

导洞净空尺寸为 3.0m×3.5m(宽×高),采用锚喷网支护,全环布设 I20b 型钢钢架,钢架间距 1 榀/m,全环喷 C25 混凝土,厚 20cm,拱墙布设 φ8mm 钢筋网,网格间距 20cm×20cm。

3. 导洞辐射管降水

超前导洞施工完成后,导洞内每 3m 布置一个降水断面,每个降水断面拱部采用 4 个降水孔,降水孔间距为 50cm 梅花形布置。降水孔直径为 108mm,长 8m,端头深入隧道开挖轮廓外不小于 3.0m。降水孔采用地质钻机跟管成孔,成孔后采用千斤顶顶入 φ50mm 钢花管,外包滤网,长期自由泄水,水流沿环向联通管流至两侧纵向排水主管,排水主管与隧道正洞排水系统联通,由正洞集中排出洞外,布置示意如图 5-2-1 所示。

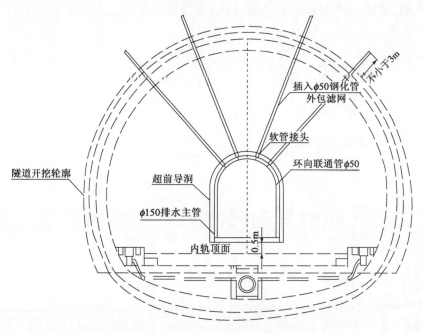

图 5-2-1　超前导洞辐射状降水管布置示意图(尺寸单位:mm)

四、效果分析

在超前导洞施工长度达 5.0m 后,因砂岩和泥岩界面不断侵入导洞,导洞施工同样是十分困难,最终放弃该方案。但导洞施工起到了探明超前地质情况的作用。

第三节　低渗透性地层地表深井降水技术

一、低渗透性地层地表深井降水试验

富水第三系粉细砂岩水稳性极差,一般掌子面开挖 0～4h 掌子面基本能自稳,4～6h 掌子面开始发生流变,6h 以后掌子面失稳,故需采取洞内超前降水等措施保证第三系砂岩含水率

保持在合理含水率以内,确保施工安全。

而胡麻岭隧道第三系砂岩为一套橘黄色、浅棕黄色泥质砂岩,属陆相湖盆及山间凹地沉积,沉积地质时代久远,具有原始状态下密实度高,渗透系数为 $1.86 \times 10^{-5} \sim 4.38 \times 10^{-5}$ cm/s,属弱透水地层。由于隧道通过段含水层厚度达 30~130m,渗透系数小,单一的洞内降水受单位出水面积水量大、降水至能够开挖需要的时间长等因素影响,很难达到预期效果。需采取其他降水措施辅助降水,确保施工安全及施工进度。

针对第三系砂岩水稳性极差的特点,进行地表降水试验研究。

1. 试验井实施情况

降水试验井共打 5 口井,共进行了两次降水试验,两次降水试验井平面布置如图 5-3-1 和图 5-3-2 所示。

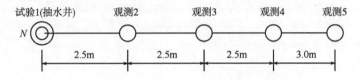

图 5-3-1 第一次降水试验井孔平面布置示意图

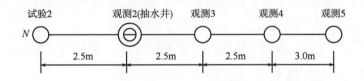

图 5-3-2 第二次降水试验井孔平面布置示意图

注:观测 5 井因洗井器卡在井中,无法下抽水泵及观测仪器等设备。

实施时间、井深、孔径及观测水位见表 5-3-1。

试验井实施情况　　　　表 5-3-1

编号	位置	施作时间	成孔时间	井深(m)	孔径(mm)	高程(m)	隧底高程(m)	水位埋深(m)	施作方法
试验 1	DK78+050Z18	2012-12-16	2012-12-16	74	168	2239	2192	31	反循环钻进,未使用泥浆护壁
观测 2	DK78+052.5Z18	2012-12-19	2012-12-20	74	168	2239	2192	31	
观测 3	DK78+055Z18	2012-12-22	2012-12-23	74	168	2239	2192	31	
观测 4	DK78+057.5Z18	2012-12-26	2012-12-26	74	168	2239	2192	31	
观测 5	DK78+060.5Z18	2012-12-28	2012-12-28	74	168	2239	2192	31	

2. 试验成果与建议

①采用稳定流抽水试验计算渗透系数为 0.267m/d；采用非稳定流计算 2 号、3 号井附近的渗透系数平均为 0.15m/d，而 4 号井附近的渗透系数平均为 0.265m/d。建议第三系含水砂岩的渗透系数采用稳定流抽水试验的渗透系数值。

②从实测结果可知，在流量为 3.7m³/h，距抽水井 2.5m 的井(2 号井)平衡后水位下降为 4.78m；距抽水井 5.0m 的井(3 号井)平衡后水位降深为 3.32m；距抽水井 7.5m 的井(4 号井)平衡后水位降深为 1.76m。在流量为 4.9m³/h，距抽水井 2.5m 的井(3 号井)平衡后水位降深为 5.61m；距抽水井 5.0m 的井(4 号井)平衡后水位降深为 2.65m。

③从抽水时水位降深过程来看，开始抽水后 120min 时其水位降深约已达平衡时的 95%，说明加大抽水时间对降深影响不明显。

④在流量为 3.7～4.9m³/h，距抽水井 2.5m 的观测井降深为 4.78～5.61m；距抽水井 5.0 m 的观测井降深为 2.65～3.32m。但地质条件影响比较明显，如 4 号井，在流量为 3.7m³/h 时，3 号井(距离抽水井 5.0m)的降深为 3.32m；但在流量为 4.9m³/h 时，4 号井(距离抽水井 5.0m)的降深仅为 2.65m。

⑤根据降水漏斗观测曲线推算，为保证降水效果，设计降水井水位降深深度宜低于隧道洞底，动水位位于隧道洞底以下的深度宜大于 20m。

⑥从抽水井出水量来看，该地区单井出水量在 150m³/h 左右，受砂岩渗透系数影响，降深增大与出水量关系的相关性不大。

⑦试验井一组 5 个，以上得到的结论为单井实施效果，不能全面反映群井降水效果。

二、7 号竖井地表深井降水

1. 7 号竖井施工情况

7 号竖井中心里程 DK78+190，竖井深度约 30.5m，基坑长 8m，宽 16m，其中 DK78+183～DK78+282 段下穿河流，最小埋深 9.5m。竖井开挖揭示地层情况为：0～3m，种植土；3～8m，粉质黏土；8～12m 细圆砾土；12～24m 砂质黄土；25～30m 第三系砂岩。地下水位埋深 9.7m (高程 2207.3m)。

2. 7 号竖井降水情况

7 号竖井地表降水井分两批布置，第一批为 2012 年 8 月 15 日共布置的 4 座深井，分别为降水井 1、2、3、4，布井间距 30m，井底距离洞底 20m；在第一批地表深井施作完成后，开挖兰州方向时，水位明显下降；后根据开挖情况，掌子面距离最近降水井 8m 时，掌子面底部出现渗水，所以在 2012 年 10 月 20 日又增加 4 座地表深井，分别为降水井 5、6、7、8，布井间距 20m，井底距离洞底 20m，观测井 1。8 座地表浅井在隧道两侧布置，孔径为 800mm，井壁管直径为 300mm，降水井 7、8 井深分别为 67m、68m，其余井深 50m，地表深井布置如图 5-3-3 所示。

洞外深井施作之前水位线在地表以下 28m，施作完成后水位线在地表以下 38m，降水井水位已降至隧底以下 12m，单井最大出水量为 200m³/d。

3. 7 号竖井降水降落漏斗

根据降水井水位观测模拟地下水降落漏斗如图 5-3-4、图 5-3-5 所示。

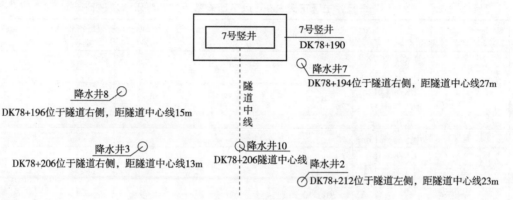

图 5-3-3　7 号竖井地表浅井降水布置示意图

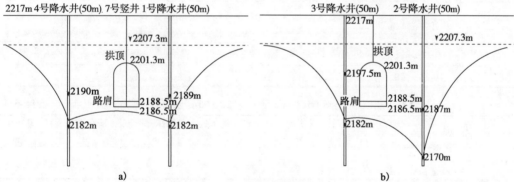

图 5-3-4　7 号竖井位置降水漏斗示意图

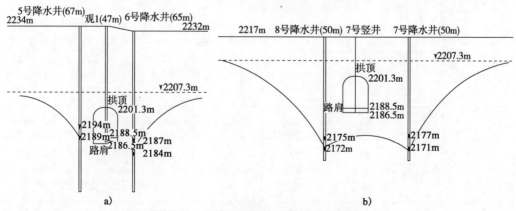

图 5-3-5　7 号竖井位置及正洞降水漏斗示意图

三、井深100m以下地表深井降水

1. 降水井设计

在5号、7号斜井工区正洞地层进行了降水井布置,其中7号竖井工区正洞共设降水井35座,平均深度62m,5号斜井工区正洞布置降水井16座,平均深度86.3m。总计布置51座降水井,累计3553m,具体降水情况见表5-3-2~表5-3-4。

7号竖井工区正洞100m以下地表重力深井降水情况统计　　　　表5-3-2

井 号	位 置	施作时间	井深（m）	初始水位埋深（m）	目前水位埋深（m）	出水量（m³/d）
1	DK78+179中线左侧20m	2012-8-15	50	28	35	200
2	DK78+212中线左侧23m	2012-8-25	50	30	47	30
3	DK78+206中线右侧13m	2012-8-21	50	19	35	50
4	DK78+187中线右侧27m	2012-9-3	50	27	35	150
5	DK78+130中线右侧14m	2012-10-20	67	40	45	50
6	DK78+130中线左侧14m	2012-10-25	65	45	48	30
7	DK78+200中线左侧15m	2012-11-5	50	40	46	50
8	DK78+196中线右侧15m	2012-11-11	50	42	45	50
观1	DK78+120	2012-10-30	47	46	46	

7号竖井工区正洞DK78+128~+028 100m以下降水井布置　　　　表5-3-3

名 称	里 程	井深（m）	井径（mm）	设计动水位（m）	过滤器位置（m）	地面高程（m）	洞底高程（m）
降10(1)	DK78+206中心线	16	273				
降10(2)	DK78+113左4m	61	273	56	30~58	2232	2191
降11	DK78+113右4m	64	273	59	30~61	2235	2191
降12	DK78+093左4m	64	273	59	30~61	2235	2191
降13	DK78+093右4m	65	273	60	30~62	2236	2191
降14	DK78+073左4m	66	273	61	31~63	2237	2191
降15	DK78+073右4m	67	273	62	31~64	2238	2191
降16	DK78+053左4m	69	273	64	31~66	2239	2190

续上表

名　称	里　程	井深(m)	井径(mm)	设计动水位(m)	过滤器位置(m)	地面高程(m)	洞底高程(m)
降17	DK78+053 右4m	70	273	65	31~67	2240	2190
降18	DK78+033 左4m	72	273	67	32~69	2242	2190
降19	DK78+033 右4m	78	273	73	32~75	2248	2190
降20	DK78+013 左4m	76	273	71	32~73	2246	2190
降21	DK78+013 右4m	81	273	76	33~78	2251	2190
降22	DK78+250 左4m	58	273	53	根据实施情况将含水层全部设置过滤位置	2230	2192
降23	DK78+250 右4m	52	273	47		2224	2192
降24	DK78+270 左4m	56	273	51		2228	2192
降25	DK78+270 右4m	60	273	55		2232	2192
降26	DK78+290 左4m	57	273	52		2230	2193
降27	DK78+290 右4m	61	273	56		2234	2193
降28	DK78+310 左4m	65	273	60		2238	2193
降29	DK78+310 右4m	65	273	60		2238	2193

5号斜井工区正洞 DK76+467~+636 100m以下降水井布置　　表5-3-4

名　称	里　程	井深(m)	井径(mm)	设计动水位(m)	地面高程(m)	洞底高程(m)
降30	DK76+493 左4m	97	273	92	2244	2167
降31	DK76+493 右4m	94	273	89	2241	2167
降32	DK76+513 左4m	93	273	88	2240	2167
降33	DK76+513 右4m	91	273	86	2238	2167
降34	DK76+533 左4m	88	273	83	2236	2168
降35	DK76+533 右4m	88	273	83	2236	2168
降36	DK76+553 左4m	86	273	81	2234	2168
降37	DK76+553 右4m	86	273	81	2234	2168

续上表

名　称	里　程	井深(m)	井径(mm)	设计动水位(m)	地面高程(m)	洞底高程(m)
降38	DK76+573 左4m	85	273	80	2233	2168
降39	DK76+573 右4m	84	273	79	2232	2168
降40	DK76+593 左4m	83	273	78	2232	2169
降41	DK76+593 右4m	82	273	77	2231	2169
降42	DK76+613 左4m	82	273	77	2231	2169
降43	DK76+613 右4m	81	273	76	2230	2169
降44	DK76+633 左4m	80	273	75	2229	2169
降45	DK76+633 右4m	80	273	75	2229	2169

地表降水井布置于正洞轮廓线外侧距离边缘4m,每侧纵向井间距离20m(第一列降水井距离掌子面15m),对称布置。降水井直径273mm,降水井深入洞底高程以下20m,配置流量8~12m³/h,扬程大于150m的潜水泵。

2.7号竖井工区实施效果分析

(1)地表降水前的状况

DK77+895~DK78+010段无地表深井降水措施,涌水、流砂现象严重,正常降水一循环为12h,在无地表深井的情况下36h才能进行勉强开挖(开挖时还有流砂),有些段落含泥量高,采用洞内综合降水,降水达不到效果无法保证开挖顺利进行,选用双液回退注浆辅助施工,进度小于8m/月,遇到大范围流塑段落,进度还要更低。

(2)有无地表深井施工进度对比

根据沟谷区浅埋段7号竖井工区正洞地表降水效果分析;地表降水效果较好,加快了施工进度(未进行地表降水前月进尺6~7m,降水实施后月进尺15~20m),具体降水统计见表5-3-5。

7号竖井1区正洞兰州方向沟谷区施工进度对照　　　　表5-3-5

序　号	时　间	进尺(m)	备　注
1	2012年11月	4	未进入群井降水区
2	2012年12月	5.5	未进入群井降水区
3	2013年1月	6.4	未进入群井降水区
4	2013年2月	6.7	未进入群井降水区
5	2013年3月	10.5	未进入群井降水区
6	2013年4月	11.7	未进入群井降水区
7	2013年5月	15.5	进入群井降水区

续上表

序　号	时　间	进尺(m)	备　注
8	2013年6月	17.4	进入群井降水区
9	2013年7月	18.7	进入群井降水区
10	2013年8月	17.8	进入群井降水区
11	2013年9月	18.5	进入群井降水区
12	2013年10月	20.5	进入群井降水区
13	2013年11月	20.3	进入群井降水区

设置地表降水后,洞内施工较为顺利,尤其进入地表降水群井效应区域后,掌子面水量明显减少,洞内施工顺利。

3. 5号斜井工区重庆方向正洞实施效果分析

5号斜井工区重庆方向地表布置降水井16座,共计1380m,平均深度86.3m,具体降水统计见表5-3-6。

5号斜井重庆方向地表降水区域洞内进度统计　　　　表5-3-6

序　号	时　间	月进度(m)	备　注
1	2013年8月	11	未进入群井降水区
2	2013年9月	14	未进入群井降水区
3	2013年10月	16	进入群井降水区
4	2013年11月	20	进入群井降水区
5	2013年12月	25	进入群井降水区

5号斜井采取地表深井降水措施后,洞内施工进度在逐步提高,地表深井降水措施效果明显。

四、井深100m以上的地表超深井降水试验

1. 100～200m地表超深井降水试验

(1)地表超深井降水的主要技术难题

①在松散层粉细砂地层实施水源井的成井工艺已经成熟,成井深度可达数百米。但对处于压密状态的第三系弱胶结含水砂岩实施降水井,成井深度在200m左右(一般地铁、建筑基坑降水井实施深度100m以内),虽然理论上是可行的,但目前国内还没有实施过,对其成井工艺及达到的降水效果还缺乏实践检验,降水效果仍需进一步验证。

②第三系弱胶结含水砂岩根据洞内开挖、洞内降水管井的实施计算分析,渗透系数小于1.0m/d,在相对较密实的状态下,需采用负压才能抽出较大量的地下水。据此分析,第三系含水砂岩即使地表实施了降水井,经过预先降水,也不能确保开挖时全部地层处于疏干状态。

③地表深井降水方案,本段第三系弱胶结砂岩以大厚度均质含水体为主,但受地貌形态、地层沉积环境、地下水补给等因素影响,地下水赋存存在一定的不均一性,因此地表深管井出水量会存在一定差异,富水性较差地段,可能存在干孔现象。

④粉细砂地层降水成井工艺是降水的关键,并选择适合工艺方法,避免井壁、井底流砂而

影响成井及降水效果,采用多种洗井方法,确保洗井效果。

⑤该类地层降水在成井及降水过程中均可能会出现沉降、流砂、管涌等现象,施工及降水中应加强地面、洞内观测。

(2)超深(孔深大于100m)试验失败情况

3号斜井位于梁脊地区,隧道埋深较大,斜井水量较大,为掌握在地表实施200m左右深井的成井工艺的可行性、单井出水量及水位降至预设计的时间,于2012年11月,2013年2月在3号掌子面前方18~55m之间分两批布置了4座降水井,井深187~194m,情况如下:1号井井深194m,钻至80m时钻头掉落,打捞未成功,钻孔失败;2号井井深194m,钻孔失败;3号井深198m,钻至152m时钻头掉落,随后泥浆散失,钻孔失败;4号井井深192m,钻孔失败。本次深井试验累计完成钻探780m/4孔,均以失败告终。

(3)超深井试验成功情况

2013年11月29日~2013年12月12日,又在3号斜井挑顶段DK77+256隧道中线处成功施作地表深井1座,井深192m,钻探成功,出水量23m^3/d,钻探地层情况见表5-3-7。

3号斜井工区地表深井钻孔记录　　　　　　表5-3-7

里程桩号	钻孔日期	钻孔深度(m)	地层情况	备注
DK77+256	2013.11.29	0~50	砂质黄土	
		50~56	泥岩	
	2013.11.30	56~58	泥岩	
	2013.12.2	58~60	泥岩	
		60~62	弱胶结粉砂	
	2013.12.3	62~65	弱胶结细砂	
		65~71	泥岩	
		71~75	弱胶结粉细砂岩	
		75~80	泥岩	
		80~95	弱胶结粉细砂岩	
		95~97	砾岩	
		97~104	弱胶结粉细砂岩	
		104~108	砾岩	
	2013.12.4	108~110	砾岩	
		110~114	弱胶结粉细砂岩	
		114~116	砾岩	
		116~125	弱胶结粉细砂岩	
	2013.12.5	125~135	砾岩	
		135~141	弱胶结粉细砂岩	

续上表

里程桩号	钻孔日期	钻孔深度(m)	地层情况	备注
		141-148	砾岩	
	2013.12.6	148~158	弱胶结粉细砂岩	
	2013.12.7	158~161	砾岩	
	2013.12.12	161~170	弱胶结粉细砂岩	
		170~172	砾岩	
		172~190	弱胶结粉细砂岩	
		190~192	砾岩	

(4)超深井群井降水试验

根据现场实际情况,对 SG-63(DK77+276 左 8m)、SG-64(DK77+266 右 8m)、SG-65(DK77+256 左 8m)、SG-68(DK77+226 右 8m)、SG-70(DK77+206 右 8m)进行抽水,对 SG-69(DK77+216 左 8m)进行水位观测,观测数据见表5-3-8。

降水试验观测记录　　　　　　　　　　　表 5-3-8

试验井概况		抽水井					观测井
	降水井编号	SG-63	SG-64	SG-65	SG-68	SG-70	SG-69
	里程	DK77+276	DK77+266	DK77+256	DK77+226	DK77+206	DK77+216
	井口高程(m)				地表高程:2344 洞身高程:2179		地表高程:2333 洞身高程:2179
	井深(m)	187	195	182.3	190	190.4	179.3
	洗井后水位(m)	117	120	116	105	107	104
试验观测日期		抽水井水量(m³/d)					观测井水位(m)
10.5 15:00		96	84	120	120	72	139
10.5 21:00		97	86	122	121	74	139
10.6 3:00		95	86	120	119	74	139
10.6 9:00		96	85	119	120	70	139
10.6 15:00		97	87	115	122	72	139.5
10.6 21:00							138

根据SG-68抽水井及SG-69观测井初步观测数据(试验正在进行中)计算降落漏斗夹角在45°~49°,两座井地下水位高程为2176.25~2179.00m,隧底高程为2179m,推测降水后水位在隧底以下2.75m,因此分析降水效果比较明显,若再加大泵流量持续降水效果

更佳。

2. 100~200m 地表超深井降水设计

(1) 区段含水层概况

根据斜井开挖及钻探资料揭示,第三系富水弱胶结砂岩段不同地貌的地下水位变化不大,DK76+457~DK76+715段地下水位高程为2214~2219m,地下水位高程变化较小,地下水位至隧底的含水层厚度30~40m;DK76+065~DK78+715段地下水位高程在2195~2227m,水力坡度$i=1.5\%~5\%$,地下水位至隧底的含水层厚度30~48m;DK78+065~DK78+300段地下水位高程在2200~2210m,地下水位高程变化较小,地下水位至隧底的含水层厚度15~20m;DK78+300~DK79+136段地下水位在2210~2231m之间,$i=2.5\%~4\%$,地下水位至隧底的含水层厚度25~30m。

(2) 降水井布置原则

根据浅埋段试验和前期实施深井的经验,项目部决定在3、5号斜井与7号竖井之间段落施工采用地表超深井降水措施。降水井单侧间距20m,隧道两侧左右交错布置。主要参数为:地表降水井布置于正洞开挖轮廓线外侧距离边缘4~8m(孔深<100m,轮廓线外侧4m;100m≤孔深<150m,轮廓线外侧6m;孔深=150m轮廓线外侧8m),降水井直径300mm,降水井深入隧底以下20~25m,配置流量8~12m³/h,当孔深<100m,采用扬程大于150m的潜水泵,当孔深>100m,采用扬程大于250m的潜水泵。

(3) 降水井布置

地表超深井布置在7号竖井兰州端与5号斜井重庆端之间的岭脊区,共设超深井119口,孔深小于100m的浅孔7口,孔深100~179m的69口,孔深180~200m的超深井41口,孔深大于200m的超深井2口,最深井208m。

(4) 降水井实施要求

第三系砂岩地层含水性具有一定的不均一性,地表降水井应分段实施。先实施3号斜井工区200m范围和7号竖井工区兰州端小里程方向200m范围。

降水井应集中实施,单座井完成后应连续进行抽水作业,降水井完成后要进行预降水工作,群井降水应分组进行,掌子面附近降水井每组不少于6座,预降水时间不少于1个月。降水井使用完成后需采用混凝土进行回填封闭。

3. 100~200m 地表超深井施工

(1) 井位布置

①实施前必须详细调查核实场区地下管线分布情况,当无法确定时可采用人工开孔的方法,当确认地下无各种管线后方可施工。

②为合理利用地形或避开各种障碍物,降水井间距可做局部调整,但井位间距最大变动不应超过5m。

(2) 成井工艺及方法

①为确保成井质量,施工前应根据降水井的主要技术参数进行降水井结构、工艺、洗井、试验等设计。

②降水井成井施工中尽量保持垂直,当孔斜倾向斜井左右两侧时需及时纠偏,确保降水井对斜井施工无影响或偏离斜井较远时影响降水效果。

③建议采用反循环工艺成井。
④设计沉砂管长度5m。
⑤施钻过程中准确量测初见水位和静止水位。
⑥填料要求：
a. 含水层段砾料应具有一定的磨圆度,砾料含泥量(含石粉)=3%,粒径1.5~2.5mm。
b. 要避免填料速度过快或不均造成滤管偏移及滤料在孔内架桥现象,洗井后滤料下沉应及时补充滤料,要求实际填料量不小于95%理论计算量。

(3)洗井工艺
①洗井要求达到"水清砂净"。
②下管、填料完成后应立即进行洗井,成井至洗井最大时间间隔不能超过8h。
③采用泥浆钻进时,采用机械、化学、空压机等联合洗井方式,以达到破除井孔泥壁,清除孔内泥砂,疏通水路的目的。
④洗井、抽水试验水量水位观测等严格按《铁路工程水文地质勘察规范》(TB 10049—2014)及《供水水文地质勘察规范》(GB 50027—2001)的要求进行。
⑤验收标准：
a. 洗井结束前的含砂量不大于1/20000(体积比)。
b. 降水井稳定出水量或1周连续出水量达到5m^3/h,不断流。
⑥维护降水期地下水观测：
a. 维护降水期应对地下水动态进行观测,并对地下水动态变化进行及时分析。
b. 当地下水位急剧变化应及时分析原因(如水泵损坏或区域地下水位上升等),采取相应的处理措施。
c. 降水井施工结束后,在正式抽水前应先测静止水位,降水范围内水位下降未达到设计降深之前,观测频率应为每天观测不少于3次,当水位达到设计降深后,且水位变化不大时,可每天观测1次。
d. 降水井最终水位降深为距离孔底5m的位置。

4. 100~200m地表超深井实施效果分析

3号斜井工区兰州端正洞掌子面距离最近降水井20m,重庆端距离最近降水井12m,均未进入到降水井群,施工过程有以下特征：

掌子面出水量明显减小,施作地表降水井前总涌水量1000~1200m^3/d,涌水量比较均匀。降水井实施后涌水量600m^3/d,其中兰州端340m^3/d,重庆端260m^3/d。

根据施工观察,在工法未变的情况下,自增加地表深井降水后,洞内有压水流变为无压力水流。

5. 井深200m以上地表深井降水

(1)降水设计

经过研究,在1号斜井和2号斜井间设置降水试验和生产井,钻孔以钻至洞底高程以下25m为准,具体布置如图5-3-6所示,试验具体情况见表5-3-9。本工程在极低渗透性地层中地表降水深度多数在100m以上,最大深度达286m。

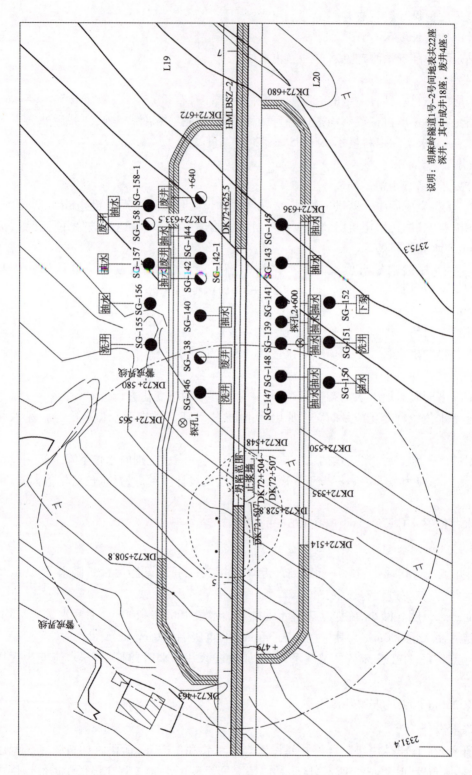

图5-3-6 钻孔布置图

胡麻岭隧道1号、2号斜井间地表深井情况 表5-3-9

序号	降水井编号	里程位置	设计井深（m）	井径（mm）	成井时间	抽水时间（d）	抽水量（m³）
1	SG-138	DK72+585 左6m	249	300	2016-4-9		
2	SG-139	DK72+590 右6m	260	300	2016-3-21	301	12867
3	SG-140	DK72+600 左6m	256	300	2016-3-10	462	15262
4	SG-141	DK72+610 右6m	263	300	2016-3-6	327	22729
5	SG-142	DK72+615 右6m	259	300			
6	SG-142-1	DK72+615 左6m	256	300	2016-2-3	87	4389
7	SG-143	DK72+620 右6m	264	300	2016-2-4	500	39554
8	SG-144	DK72+630 右6m	264	300	2015-12-10	255	22773.9
9	SG-145	DK72+635 右6m	273	300	2016-1-15	124	6210
10	SG-146	DK72+570 右6m	248	300	2016-4-19	169	7888
11	SG-147	DK72+560 右6m	253	300	2016-3-25	152	6281
12	SG-148	DK72+570 右6m	254	300	2016-4-4	302	10021
13	SG-150	DK72+575 右侧平导右20.5m	256	300	2016-5-2	407	23332
14	SG-151	DK72+590 右侧平导右21.5m	263	300	2016-5-2	405	21993
15	新增	DK72+600 右6m	268	300	2016-3-28	196	18856
16	SG-152	DK72+605 右侧平导右21.5m	267	300	2016-5-17	109	5821
17	SG-155	DK72+590 左侧平导左5m	245	300	2016-5-1	278	11577
18	SG-156	DK72+605 左侧平导左5m	247	300	2016-4-1	179	7431
19	SG-157	DK72+620 左侧平导左5m	255	300	2016-3-8	465	29290
20	SG-158	DK72+635 左侧平导左5m	258	300	2016-3-4		
21	SG-158-1	DK72+637 左侧平导左5m		300	2016-3-16	142	6081
22	新增	DK72+640 左6m					
合计			5440			4860	272355

（2）井位要求

根据给出的孔位进行实测定位，并量测地面高程。实施前必须详细核查场区地下管线分布情况，当无法确定时可采用人工开孔的方法，当确定地下无各种管线后方可施工。

（3）井身结构要求

①为确保成井质量，须配备与地层相适应的大功率钻井设备，开孔直径不小于600mm，最

终成孔直径300mm,实施前应根据降水井主要技术参数进行降水井结构、工艺、试验等设计。井径误差±20mm,并参照7号竖井地表深井设计图。

②钻孔尽量保持水平,当孔斜倾向洞身左右两侧时需及时纠偏,确保降水井对洞身无影响,垂直度误差≤1%。

③过滤管长度为自静水位算起至孔底泥岩面以上段落长度。

(4)成井位要求

①正反循环钻进工艺均可满足凿井要求。当采用泥浆钻进时潜水位以上的泥浆比重为1.2,潜水位以下比重为1.1。

②施钻过程中准确两侧初见水位和静止水位。

③施作过程中做好钻孔记录。

(5)填料要求

①含水层段砾料应具有一定的磨圆度,砾料含泥量(含石粉)≤3%,粒径2~4mm。

②要避免填料速度过快或者不均匀造成滤管偏移及滤料在孔内架桥现象,洗井后滤料下沉应及时补充滤料,要求实际填料量不小于95%理论计算量。

(6)洗井要求

①下管、填料完成后应立即进行洗井,成井至洗井最大时间间隔不能超过8h。

②洗井要求达到"水清砂净"。

③当采用隔离塞分段洗井或空压机洗井,如果泥浆中含泥砂量较大,可先进行捞渣,再进行洗井。

④当常规洗井效果不好时,可加洗井剂浸泡后再洗井。

⑤洗井结束后,含砂量不大于1/20000(体积比)。

(7)降水试验

①抽水试验

每座井洗井完成后,均需进行试抽水试验,抽水并安装水表计量水量,各井安装测水管测量水位,试抽水试验时间为24h,试抽水试验完成后进行水位恢复,至水位达到相对稳定,做好试抽水试验记录。

②降水试验

a.降水井水位恢复完成后,选择其中3座井进行抽水,另一座为水位观测井,进行水位观测。

b.试验前先量测静止水位。

c.降水试验时应对水量和水位进行同步观测(降水井在水量观测时同时进行水位观测,观测孔水位观测的时间与降水孔观测保持同步),观测时间和精度应满足《铁路工程水文地质勘察规范》(TB 10049—2014)。

d.降水试验时间不少于30d,试验完成后应安排定期抽水,避免长时间不抽水造成滤网堵塞影响出水量。

(8)降水维护

①降水期间应对抽水设备和运行状态进行维护检查,每天检查不应小于3次,并应观测记录水泵的工作压力、温度和出水情况,发现问题及时处理。

②抽水设备应进行定期保养,降水期间不得随意停抽。

五、洞内外综合降水

1. 降水技术构成

胡麻岭隧道在第三系富水低渗透性粉细砂地层段落施工中,经过大量的理论分析和现场试验,确定采用洞内、外综合降水技术。洞内降水技术包括洞内台阶轻型井点降水、隧底重力深井负压降水技术;洞外采用地表重力式深井降水技术,如图5-3-7、图5-3-8所示。

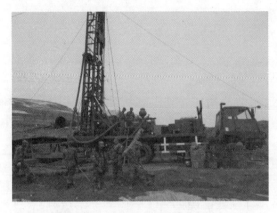

图5-3-7 地表重力式深井降水施工

图5-3-8 地表重力式深井水泵吊装

2. 综合降水应用效果

在施工中经过洞内台阶轻型井点降水、超前水平真空降水、隧底重力深井负压降水以及洞外地表重力式深井降水的综合降水技术后,围岩汗状渗水、流塑及涌坍现象得到有效治理。

经过探索总结:洞内超强水平真空降水应在开挖前3d进行,洞内台阶轻型井点降水及隧底重力深井负压降水应随时跟进,洞外地表重力式深井降水应超前15d进行,可稳定控制围岩含水率在10%~11%范围,达到预期降水效果,降水效果如图5-3-9和图5-3-10所示。

图5-3-9 掌子面超前降水后围岩稳定

图5-3-10 深井降水后隧底施工条件改善

第六章 大埋深软流塑地层围岩加固技术与工法

本章介绍注浆施工技术、超细水泥注浆技术、超前振动插管地层预扰动注浆加固技术、帷幕注浆加固技术、富水弱胶结砂岩斜井挑高段施工技术、浅埋隧道地表旋喷加固技术和九部双侧壁工法。

通过该工程实践,形成了斜井横向贯通正洞单喇叭挑高施工方法、双液回退劈裂注浆的系统工法、富水砂层地质大断面隧道开挖方法等专利,总结形成了大断面深埋临近第三系富水弱胶结砂岩富水界面的施工工法、第三系粉细砂岩扰动破坏后固结圈施工技术工法、富水第三系粉细砂岩斜井挑高段施工工法和双液劈裂回退注浆施工工法等。

第一节 浅孔双液回退劈裂注浆辅助施工技术

一、目的

当综合降水或仅地表降水未达到预期效果,掌子面前方出现围岩流塑状态时,为了施工安全,采取封闭断面后进行超前双液回退劈裂注浆处理,改善掌子面及其周边围岩流塑状态,从而降低施工难度及安全风险。

二、双液回退劈裂注浆技术

1. 注浆孔布置

在隧道开挖分部周边布置超前注浆管,注浆管的布设原则应根据现场围岩渗水状态、浆液扩散半径、实际进浆量等综合考虑;同时局部水囊出现的位置具有不确定性,所以根据实际情况在出水位、流塑部位设注浆管。注浆管采用 $\phi 25$ 普通钢管,长度 $6 \sim 8m$,一端带丝扣,安装止浆阀,注浆管管身不设置溢浆孔。

2. 浆液配合比

水灰比 $W/C =0.5:1 \sim 0.75:1$(重量比),水泥浆:水玻璃 $=1:0.5 \sim 1:1.0$(体积比),注浆压强为 $2 \sim 5MPa$,浆液扩散半径为 $0.2 \sim 0.4m$。水玻璃模数 $M =2.4 \sim 3.4$,浓度为 $30° \sim 45°$ Be′,见表 6-1-1。

浆液凝固时间：水玻璃温度40℃、水8℃、溶解液25℃时凝固时间8s；水玻璃温度35℃、水8℃、溶解液20℃时凝固时间12s。

水泥—水玻璃浆液组成及配方　　　　　表6-1-1

原　料	规格要求	作　用	用　量	主要性能
水泥	普通或矿渣硅酸盐水泥	主剂	1	凝胶时间可控制在几十秒至几十分钟范围内
水玻璃	模数：2.4~3.4 浓度：30°~45°Be′	主剂	0.5~1	
磷酸氢二钠	工业品	缓凝剂	0.01~0.03	

3. 注浆设备

注浆设备为双液注浆泵，型号为XPD90E。

4. 注浆工艺

(1) 注浆管施工

采用YT-28钻机钻孔，钻孔直径比钢管直径大10~20mm，深度大于注浆管10cm。然后将注浆钢管顶入，顶入长度不小于钢管长度的90%，并用高压风将钢管内的砂粒吹出，保证注浆管通畅。

(2) 注浆施工

水泥浆与水玻璃在Y型接头混合，双液浆注入管底部1~2m处，开始向管口流动，部分浆液堵塞钻孔，浆液开始扩散。当压力达到一定数值时，堵塞初凝的浆液被挤开，浆液继续向管口流动，形成劈裂挤密效果。

(3) 注浆顺序

先注内孔，后注外孔，先注无水孔，后注有水孔。

(4) 注浆结束标准

注浆结束标准应满足下列要求：单孔注浆压力达到要求值，持续注浆10min且浆液流量为初始注浆流量的1/4。所有注浆孔均符合单孔结束条件，观察流塑状砂层发现继续被浆液挤出，掌子面砂层继续向上鼓起和掌子面出水量继续减少，满足以上条件注浆方可结束。

三、应用效果

1. 提高了掌子面稳定性

经超前双液回退劈裂注浆后，开挖掌子面显示注浆加固范围为1.5~3.5m，浆液将围岩劈裂，在注浆压力的作用下，富水弱胶结砂岩孔隙水挤出，围岩含水量减少，形成5~20cm浆脉，浆脉成不规则分布，形成骨架。因此围岩整体性、稳定性、密实性、含水率均有较大改善，富水弱胶结砂岩地层流塑状态得到有效控制，注浆效果如图6-1-1~图6-1-4所示。

2. 发明了"双液回退劈裂注浆系统"专利，形成了工法

采用双液回退劈裂注浆施工工法，可以避免常压注浆及高压注浆经常出现的跑浆封闭困难、加固范围小和多数达不到预加固范围的难题。

在兰渝铁路工期形势严峻的情况下,双液回退劈裂注浆施工技术在3号斜井和8号竖井工区隧道内的应用及推广,大大加快了施工进度,减缓了工期压力,降低了因不良地质产生的施工事故风险。

图6-1-1 注浆前围岩情况

图6-1-2 注浆后围岩效果

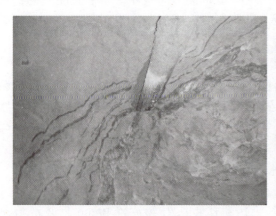

图6-1-3 注浆管周劈裂浆脉

图6-1-4 浆脉结石体效果

第二节　超细水泥注浆技术

一、目的

第三系富水弱胶结地层颗粒细密,普通注浆材料可注性差,且周边围岩松动范围大,开挖支护后存在超前支护管间渗水及支护变形大的问题,故采用周边径向超细水泥浆注浆加固。

二、注浆材料

受注浆压力的限制,在渗透性极低的地层中,普通水泥浆可注性差,不能起到加固堵水的作用。因此,选择超细水泥浆作为径向注浆材料,径向注浆材料配合比见表6-2-1和表6-2-2。

径向注浆材料配比表　　　　　表 6-2-1

浆液名称	原材料要求	宜选择配比（水灰比）
超细水泥单液浆	MC-20 细度以下超细水泥	0.6:1~0.8:1

径向注浆材料性能特点及使用范围界定表　　　　　表 6-2-2

材料名称	优　点	缺　点	使用范围
超细水泥单液浆	（1）终凝时间较长，具有较好的可注性，能够得到较大的注浆量和注浆加固范围； （2）固结体抗压、抗剪强度极高，能得到最好的注浆加固效果； （3）颗粒细，在地层中，特别是砂层中能得到其他浆液不具有的挤压和劈裂效果，是径向注浆的最佳材料	（1）终凝时间较长，地下水稀释影响其胶凝性能和强度，因而在水压高、水量大的条件下会有一定的浆液损失； （2）单价高； （3）略有收缩性，不宜用大水灰比进行注浆加固施工	适宜于各种地层的径向注浆加固，特别是砂层、淤泥、粉质黏性土层等充填性溶洞和破碎围岩地层的注浆加固

三、径向注浆技术

现场注浆施工中应根据地层特点，通过试验，不断地进行注浆参数的动态完善和调整，以适用地层注浆加固。径向注浆主要参数为：

注浆速度：5~100L/min

注浆终压：2~3MPa

单孔注浆量 Q：

$$Q = \eta \pi R^2 L_h \alpha (1 + \beta) \qquad (6-2-1)$$

式中：Q——单管注浆量（m^3）；

　　　η——地层空隙率；

　　　R——浆液扩散半径（m）；

　　　L_h——注浆孔长度（m）；

　　　α——地层充填系数（取 0.6~0.7）；

　　　β——浆液消耗系数，一般取 1.1~1.2。

1. 注浆管材

当地层裂隙不太发育时，径向注浆管采用钻孔后下入孔口管进行注浆施工，孔口管直径为 42mm、长度为 1m 的焊接钢管。

2. 注浆方式

径向注浆采用全孔一次性注浆方式进行施工。

3. 注浆顺序

注浆顺序宜按两序孔进行，即先跳孔跳注单序孔，然后注剩下的二序孔。这样，通过实施约束型注浆模式，实现挤压密实，提高围岩整体性和密实性的注浆目的。

4. 注浆结束标准

一序孔注浆结束标准以定量定压相结合的原则进行控制。注浆施工过程中，以定压为第一控制原则,如果长时间注浆压力不上升,应调整注浆材料配合比,如果注一段时间后压力仍不上升,可按定量标准进行注浆控制。二序孔注浆结束标准以必须达到设计注浆终压的原则进行控制。

四、注浆效果检查评定标准

所有径向注浆孔的注浆 P-Q-t 曲线应符合设计要求。

径向注浆结束后,渗漏水量应达到设计规定的允许渗漏水量标准要求。

第三节 超前振动插管地层预扰动注浆加固技术

一、技术特点

根据地层易扰动的特点,超前振动插管对地层进行了预扰动,使得地层可注性得到改善,不需要较厚的止浆墙,可采用中低压注浆,中小型设备,固结范围可选择以隧道拱顶为主的周边,每次注浆长度 15m 左右,工效高,进度快。

二、工艺原理

第三系饱和粉细砂岩主要施工难点有三项:

(1)开挖后围岩受到扰动会快速弱化,短时间内由Ⅳ级围岩弱化为流塑状Ⅵ级围岩。

(2)经过地震波折射层析法松动圈测试,松动圈达到 10m 以上,前期支护沉降难以控制。

(3)地层具有裂隙随机出现且无限延伸特性。

施工中针对围岩的此类特性,开挖前首先在掌子面周边布设注浆孔,布孔设置如图 6-3-1 所示。

注浆前通过使用设备振动钻杆,使开挖轮廓线外一定范围内的围岩快速弱化,强度由未扰动前的 300kPa,变为扰动后的流塑状,扰动后注浆压力可大大减小,而且可以精确地控制注浆的有效范围。经过注浆固结后,在掌子面周边形成一层预支护的外壳,外壳形成后经过一段时间的应力调整以保持壳外的岩体处于天然平衡状态,这样在围岩开挖后,固结壳可以保护壳外的土体不受到扰动,围岩的松动圈亦大大减小,注浆结构范围如图 6-3-2 所示。

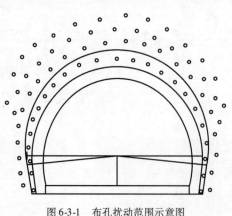

图 6-3-1 布孔扰动范围示意图

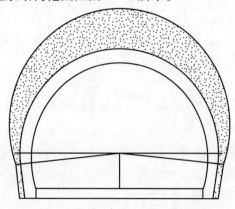

图 6-3-2 注浆固结范围示意图

三、工艺技术

1. 工艺流程

工艺流程如图 6-3-3 所示。

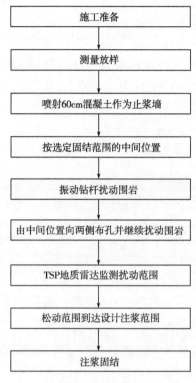

图 6-3-3　施工工艺流程

2. 技术要点

（1）施工准备

施工前，对所有操作人员进行技术培训，全部注浆材料到位，水泥放在洞内干燥的位置，使用前，钻孔、注浆设备调试合格。

（2）测量放样

施工前准确放样，定出钻孔位置，做好标记，并设置必要的控制点，以便钻孔时用来控制注浆管的外插角度和方向。

（3）止浆墙

鉴于此工法注浆为中低压注浆，因此不宜采用过厚的止浆墙，只采用网喷 C25 混凝土 60cm 作为止浆墙，止浆墙要全封闭掌子面，做到密实、无缝隙。

（4）振动插管、预扰动围岩

按设计要求施工钻孔，先布设固结范围中间的孔，当钻杆达到指定深度后，开始振动钻杆扰动围岩，随后布设下一排钻杆继续扰动，扰动顺序为先中间后两边，当监测表明预固结的范围的围岩已达到软、流塑状时，停止扰动并立刻进行注浆施工。

(5)注浆固结

采用间隔分段注浆,为提高注浆速度,采取多套设备。浆液采用超细水泥-水玻璃双液浆固结并随配随用,以免浆液在注浆管、泵中凝结。注浆压力采用3MPa常压注浆,若扩散效果不明显,可适当加大注浆压力,但最高不能超过5MPa。

在注浆过程中,随时观察有无串浆、冒浆情况,如果串浆,将串浆孔止塞封闭,如果孔口冒浆,应及时降压,限量注入,采用浓浆闭浆法施工,注浆按分序加密的原则进行,可分为二序或三序施工;安排总体工程进度时,对注浆施工时间应合理安排。注浆孔相互串浆时,可采用群孔并联灌注,孔数不宜多于3个,并应控制压力,防止混凝土面或岩石面抬动。每15m作为一个注浆循环,开挖长度为12m,剩余3m作为止浆岩盘,如图6-3-4所示。

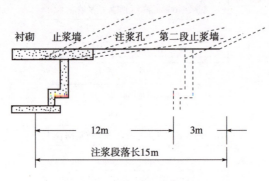

图6-3-4 注浆循环纵向示意图

(6)效果监测

注浆完成后,固结达到一定强度,同时固结壳内外围岩应力重新达到平衡状态后可进行开挖施工,开挖过程中采用多点位移的方式进行变形监测,若开挖过程中测点沉降变形速率有突然增大的迹象,说明该测点所在的围岩范围中存在固结效果不好的薄弱环节,此时应立即停工,并对相应部位采取径向注浆加固措施。

四、应用实例及效果

1.3号斜井工区

3号斜井附近有多座阶梯形水库环绕,且该隧道又处在定西地区地震连发带,库水、雨水补给岩体裂隙,雨季洞内日涌水量达1200m³。水害成为影响施工成败的决定性问题。2010年10月初,该技术进行洞内试验阶段,经过止浆墙施工、布孔扰动、雷达监测扰动效果、安装注浆管、超细水泥-水玻璃双液浆、普通水泥-水玻璃双液浆注浆固结、检查注浆效果后,掘进施工。注浆有效固结长度15m,预留3m作为下一循环止浆岩盘,整个循环时间17d,围岩稳定性相对获得较大提高。

2.4号斜井工区

斜井自2009年9月份揭示地质为第三系未成岩粉细砂岩,2010年10月初,开展超前振动插管地层预扰动注浆加固技术试验,经过止浆墙施工、布孔扰动、雷达监测扰动效果、安装注浆管、超细水泥-水玻璃双液浆、普通水泥-水玻璃双液浆注浆固结、检查注浆效果后,掘进施工。注浆有效固结长度15.3m,预留3.3m作为下一循环止浆岩盘,整个循环时间16.5d,围岩稳定性相对获得较大提高。

第四节　超前帷幕注浆加固技术

超前帷幕注浆加固目的主要有两个：一是对隧道前方开挖轮廓线内地层进行加固、挤密，为正洞正常开挖施工创造条件；二是对隧道开挖轮廓线外围岩进行加固，形成一定厚度的加固圈，保证正洞开挖过程中施工安全。

一、帷幕注浆加固技术

1. 适用条件

4号斜井工区正洞兰州方向掌子面里程 DK80+777 施工时，掌子面发生涌水、流砂（图6-4-1）。该断面开挖揭示全部为第三系砂岩。掌子面发生涌水、流砂，涌水总量约 2000m³，流砂量约 400~500m³，现场及时封闭了掌子面。

a)　　　　　　　　　　　　　　　　b)

图6-4-1　DK80+777掌子面涌水、流砂

2. 掌子面加固

根据现行 CRD 各部施工位置，分别在①部、②部和③部、④部设置 C25 钢筋混凝土止浆墙封闭，止浆墙设置顶宽 2.0m，胸坡为 1:0.2，墙背直立，墙身堵头墙采用锚杆（长度 3m，间距 1m×1m，外露 1m，梅花形布置）及下部钢管桩固定（φ108 钢管，长度 4m，深入稳定基岩不小于 3.5m，间距 1m×1m，梅花形布置），止浆墙必须设置在相对稳定的临时仰拱上。

止浆墙墙身均预留 φ108 注浆孔与泄水孔，泄水孔间距 2.0m×2.0m，泄水孔外包双层 200 目滤网，防止砂粒流失，止浆墙背后若有空腔应采用水泥砂浆回填。

3. 帷幕注浆加固设计

循环长 20m，开挖预留 6m 止浆岩盘，注浆固结半径为开挖轮廓线外 5m；注浆终压 2.5MPa，拟定注浆扩散半径 1.2m，注浆孔环向放射状布置，如图6-4-2所示。

注浆采用水泥单液浆，水灰比(0.8~1):1；设计注浆量 45.80~116.54m³/m，实际注浆量根据现场试验最终确定。

4. 导流引排水

多方向打设导流引排孔排放被封堵水,现场根据实际出水位置和出水量布置引排孔,确保安全。

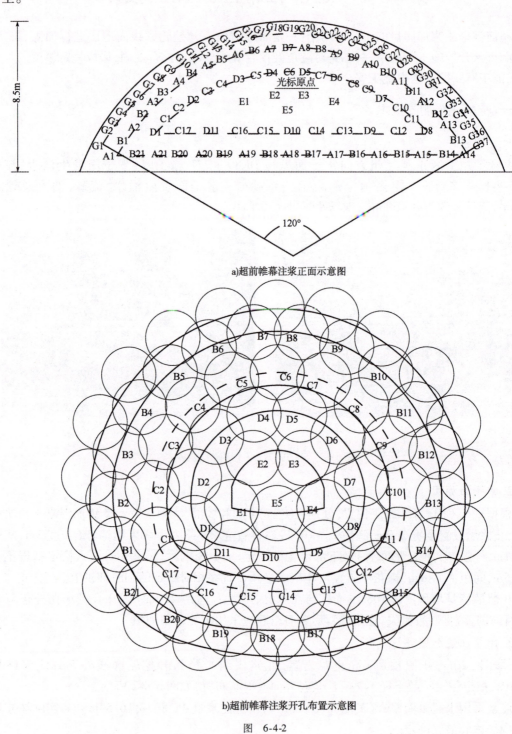

a) 超前帷幕注浆正面示意图

b) 超前帷幕注浆开孔布置示意图

图 6-4-2

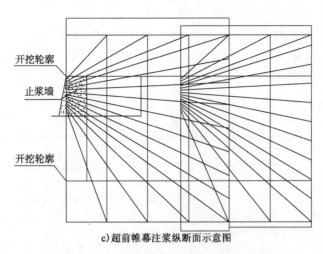

c) 超前帷幕注浆纵断面示意图

图6-4-2　全断面超前帷幕注浆孔布置示意图

5. 降水措施

(1) 超前降水：拱部180°打设ϕ32钢花管，长15m，环向间距0.75m，纵向间距8m。

(2) 台阶轻型井点降水，两侧布置ϕ32 PVC真空降水管，间距50cm，①~④部位长度4m，⑤~⑥部长度5m。

二、帷幕注浆施工工艺

1. 在试验的基础上及时调整注浆参数

注浆前，首先根据前期处理淤积体注浆结果，确定浆液填充率、注浆量、浆液配合比、凝结时间、浆液扩散半径、注浆终压、注浆方式等参数，注浆过程中根据注浆效果动态调整相关注浆参数，保证注浆质量，从而达到注浆目的与注浆效果。

2. 注浆压力

注浆压力一般按5~8MPa控制，单孔注浆。

3. 钻孔

钻孔孔径不小于50mm，注浆管采用ϕ32注浆花管。如遇到某些部位在钻孔过程中涌水量很大，并伴有流砂和坍塌现象，就停止钻孔，立即安装套管进行注浆，浆液凝结时间1min左右。注完浆后，待浆液凝固再向里钻孔，再注浆，直至达到设计深度。

4. 注浆方式

注浆工艺采用前进式分段注浆；分段长度原则为：每钻孔7~10m进行一次注浆，因本循环与上循环搭接长度11m，第一次钻孔长度可根据钻孔情况取15~20m，后续扫孔按5~10m扫一次孔注一次浆直至终孔。

5. 注浆材料

为满足堵水加固的要求，现场采用硫铝酸盐水泥单液浆与普通水泥-水玻璃双液浆为主，超细水泥单液浆为辅的浆液。施工过程根据涌水情况及地质情况进行选择调整。注浆材料及规格型号如下：

硫铝酸盐水泥:早强快硬,标号42.5;
普通硅酸盐水泥:P.O 42.5;
超细水泥:标号42.5;
水玻璃:浓度为40°Be′,模数为2.4~2.8。
浆液配比参数见表6-4-1。

浆 液 配 比 参 数　　　　　　　　　　表6-4-1

序号	名 称	浆液配比		备 注
		W:C(水灰比)	C:S(体积比)	
1	硫铝酸盐及水泥单液浆	(0.8~1):1	—	根据钻孔地质及出水情况进行选择
2	超细水泥单液浆	(0.8~1):1	—	
3	普通水泥-水玻璃双液浆	(0.8~1):1	1:1	

注:其中A序孔、B序孔浆液以双液浆为主,硫铝酸盐单液浆为辅;C序孔、D序孔、E序孔浆液以硫铝酸盐单液浆为主,双液浆为辅。注浆终止压力为5.0~9.0MPa,现场根据实际地质情况进行调整。

6. 注浆结束标准

单孔结束标准:当达到设计终压并继续注浆10min以上,单孔进浆量小于20L/min,检查孔涌水量小于0.2L/min。

全段结束注浆标准:所有注浆孔均已符合单孔结束条件,无漏浆现象;注浆后段内涌水量不大于$5m^3/m·d$;进行压水试验,在1.0MPa压力下,进水量小于2L/m·min。

7. 注浆合格标准

每一个循环段注浆合格的标准是:设计所有的注浆孔均达到或超过计算进浆量,无漏注现象;按总注浆孔的5%~10%打检查孔,检查孔固结好、无流砂,出水量小于0.15L/m·min。

8. 注浆效果的检测

注浆完成后,在开挖轮廓线范围内打设检查孔,检测注浆效果,每循环检查孔5个,其中拱部2个,左右边墙各1个,底部1个。特别是针对可能存在的注浆薄弱位置(一般在注浆量少、涌水量大的孔点以及终孔交圈处等)应增设检查孔。

检查孔直径为110mm,不得采用原注浆钻孔。钻孔深度以小于超前钻孔1m、以不钻穿设计的注浆圈为宜。检查孔平均出水量<0.2L/min;压力检查:在1.0MPa压力下,吸水量<0.5L/min,且检查孔成孔完整,不得有股状水,不得有涌水、流砂现象,且放置1h不得塌孔,孔内无涌水、流砂现象;加固体抗压强度不小于3MPa;岩体RQD指标达到75%~80%,检查孔取心率达到70%以上,否则,注浆难以达到良好的效果,应进行补充注浆。

开挖过程中加强对掌子面的观测,观察浆液扩散形式及有效破裂注浆加固效果,并对掌子面进行取样,并对试件进行指标测试(测试指标同上);当观察到掌子面有渗水、掉块,有股状流水、流砂现象时,应立即封闭掌子面,进入下一循环注浆。

9. 施工技术要求

(1)实施帷幕注浆加固措施,应采用专业技术队伍及专业的机械设施配套,以确保帷幕注浆加固的效果。

(2)帷幕注浆完成后需进行效果评价,方可进行下一步开挖,施工采用单工序作业,确保施工过程安全可控。

(3)为减少爆破扰动加固圈,止浆墙开挖过程中禁止爆破。

(4)钢架接头处是受力的薄弱环节,做好钢架连接及锁脚锚管(杆)。

(5)隧道开挖后应立即进行初喷,及时封闭岩面,防止软化、恶化围岩。

(6)快挖快支:解决第三系砂岩的施工问题,施工中应立足于一个"快"字,即快支护、快封闭。"快支护"要求开挖后及时封闭暴露面,尽快施作喷锚网等支护措施,防止粉细砂岩暴露时间长、泥化过快,大幅降低围岩强度,产生更大的破坏;"快封闭"则要求支护结构在最短的时间发挥最有效的作用,而要做到这一点,只有支护尽快成环,仰拱和拱墙衬砌施工紧跟。施工要贯彻"快"的要求,各项工作、各个工序一定要体现一个"快"字,不得中间停工。

(7)施工中应加强中隔壁、横撑施作质量,特别是中隔壁、横撑的纵向连接、喷混凝土应施作到位。

(8)拆除临时支撑前应完成仰拱及仰拱填充,拆除长度控制在6m,特殊地段(洞口、交叉口、浅埋、下穿段、偏压段及地层含水量较大地段等)采用单工序作业,二次衬砌距掌子面距离不超过25m。

(9)拆除时严禁采用爆破或采用挖掘机、装载机等机械破坏方式拆除钢架,以防止机械碰撞造成隧道初期支护体系变形失稳。

(10)拆除过程中应尽量减小对初期支护的扰动;拆除时先间隔拆除左横撑、再间隔拆除右横撑、最后顺序拆除竖撑,应由外向内逐榀拆除进行,拆除要轻要快。

三、帷幕注浆效果分析及评价

1.5个循环注浆情况统计(表6-4-2、表6-4-3)

1号斜井正洞全断面帷幕注浆情况统计　　　　　　　　表6-4-2

帷幕注浆循环编号	加固里程	加固长度(m)	开挖长度(m)	开始时间~结束时间	用时(d)	浆液用量(m³)	备注
1	DK72+486~+516	30	18	2016.1.23~2016.3.30	68	7762	开挖长度不含止浆墙
2	DK72+504~+529	25	17	2016.3.31~2016.6.23	85	6202	开挖长度不含止浆墙
3	DK72+521~+546	25	14	2016.6.24~2016.9.13	79	5688	开挖长度不含止浆墙
4	DK72+535~+560	25	12	2016.9.14~2016.12.17	95	5088	开挖长度不含止浆墙
5	DK72+547~+574.5	27.5	9	2016.12.18~2017.3.23	95	5316	开挖长度不含止浆墙

注:5个循环帷幕注浆累计开挖70m,段落为DK72+489~DK72+559,用时14个月。

2 号斜井正洞全断面帷幕注浆情况统计　　　　　　　　　表 6-4-3

帷幕注浆循环编号	加固里程	加固长度（m）	开挖长度（m）	开始时间~结束时间	用时（d）	浆液用量（m³）	备注
1	DK72+613~DK72+588	25	14.5	2016.9.23~2017.1.12	112	6233	开挖长度不含止浆墙
2	DK72+598~DK72+571	27	10.5	2017.1.13~2017.3.14	60	4732	开挖长度不含止浆墙

注：2 个循环帷幕注浆累计开挖 25m，段落为 DK72+585~DK72+610，用时 5.7 个月。

2．注浆量分析

以施工过程各孔钻孔施工顺序单孔吸浆量图、注浆表进行分析，如图 6-4-3 和图 6-4-4、表 6-4-4 和表 6-4-5 所示。

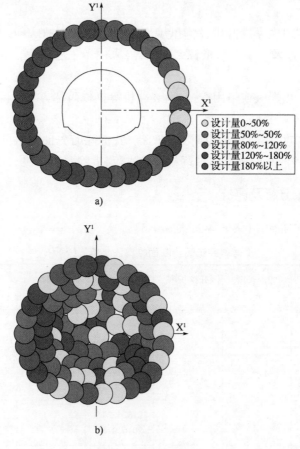

图 6-4-3　注浆量分布

（1）地层吸收浆液量与地层含水情况，具有明显的对应关系，符合地层加固堵水机理。

（2）注浆量分布符合地层地质情况变化规律。

（3）地层吸浆量随时间变化注浆明显减小，孔隙率逐渐减小，地层逐渐密实，达到充填裂隙，固结围岩的作用。

单孔注浆量与设计单孔注浆量比较所占比例　　　　表6-4-4

注浆孔数	小于设计量50%	设计量50%~80%	设计量80%~120%	设计量120%~180%	大于设计量180%
126	27	28	25	24	22
所占比例	21.4%	22.2%	19.8%	19%	17.6%

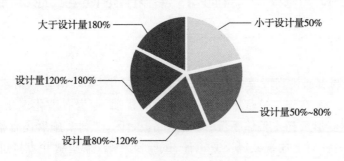

图6-4-4　实际注浆量和设计注浆量比较

注浆量分布里程统计　　　　表6-4-5

注浆段(m)	0~18	18~22	22~27.5
对应里程	DK72+547~+565	DK72+565~+569	DK72+569~+574.5
注浆量(m³)	3107.26	1124.69	925.32
占比(%)	60.25	21.81	17.9

3. 注浆 P-Q-T 曲线分析

根据环钻孔注浆施工过程,注浆量和注浆压力随注浆时间变化情况绘制 P-q-t 曲线(图6-4-5)。

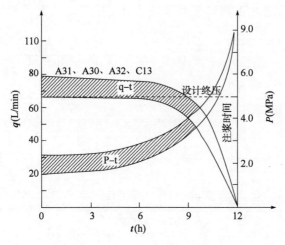

图6-4-5　P-q-t 曲线

上图为第五循环帷幕注浆前期注浆孔施工表现出来的 P-q-t 曲线。从图中可以看出,如 A31、A30、A32、C13 等先序注浆孔注浆过程中,初始基本无压力,注浆流量一般在 80L/min,长时间注浆压力不上升,随着注浆过程的进行,松散的流砂体中的孔隙被填充,经过对已充填裂隙的快速挤压密实过程后,压力快速达到或超过注浆压力,即停止注浆。

第五节　第三系砂岩斜井挑高段施工技术

一、技术简介

4 号斜井向正洞贯通挑高段落处在第三系砂岩地层中,如前所述该富水地层呈软流塑或流砂状,围岩松动圈大,在施工过程中受机械、人员的扰动,围岩有液化现象;掌子面后方未封闭的初期支护突然变形及初支整体下沉;即便是底板封闭、二衬实施后还有整体沉降。

具体施工步序:针对上述现象经反复论证、试验及总结,采用斜井直接进入正洞横向贯通技术。综合降水措施对掌子面超前预注 HCH-I 高分子浆液,拱部以下密排小导管,部分段落采用双层小导管;水囊双液注浆加固;双层初期支护;钢管桩稳定拱脚;基底干拌料换填;全环径向注浆。最终历时 4 个月艰难的进入正洞施工。

二、挑高段施工方案比选与确定

考虑到斜井进入正洞衔接段是结构的薄弱环节,正洞与斜井交叉口跨度大且受力复杂,应力集中,在该软弱地层中挑顶进入正洞,施工难度和风险更大,在方案选择上要做到精益求精。

1. 挑顶方案一(斜井爬高)

斜井接近与正洞相交里程时,斜井上台阶爬高进入正洞,斜井高度高于正洞拱部,形成正洞上台阶操作平台,然后施工正洞拱部超前支护,开挖上台阶并支护;开挖斜井爬高段中台阶,施工正洞边墙超前支护,开挖中台阶并支护;开挖斜井爬高段下台阶,施工正洞边墙超前支护,开挖下台阶并支护,逐渐进入正洞双侧壁导坑法开挖施工。方案设计如图 6-5-1、图 6-5-2 和图 6-5-3。

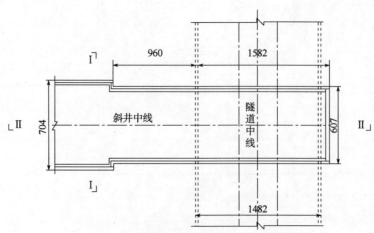

图 6-5-1　斜井爬高段平面布置示意图(尺寸单位:cm)

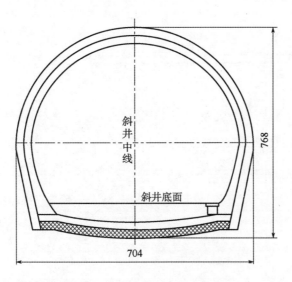

图 6-5-2　Ⅰ-Ⅰ剖面示意图(尺寸单位:cm)

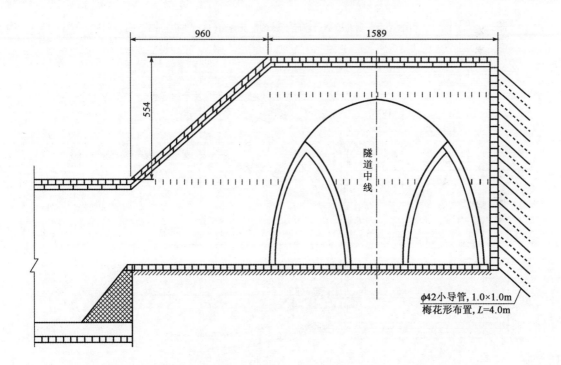

图 6-5-3　Ⅱ-Ⅱ剖面示意图(尺寸单位:cm)

2. 挑顶方案二(小导洞爬高正洞拱部)

在斜井接近与正洞相交里程时,斜井进入正洞采用小导洞沿正洞开挖轮廓线爬行开挖,形成正洞上台阶操作平台,然后正洞上台阶进行初期支护后,依次进行中、下台阶开挖,逐渐进入正洞开挖施工,方案设计如图 6-5-4、图 6-5-5 所示。

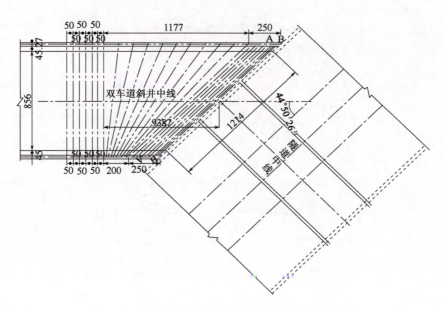

图 6-5-4　斜井钢架过渡段平面布置示意图(尺寸单位:cm)

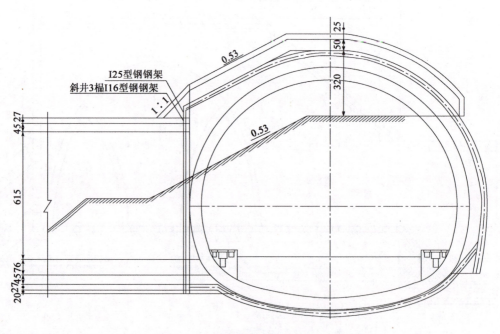

图 6-5-5　Ⅱ-Ⅱ剖面示意图(尺寸单位:cm)

3. 挑顶方案三(斜井转体进入正洞)

斜井施工至与正洞交界后,以曲线形式转体进入正洞,同时上坡开挖至正洞拱顶高程,并继续沿相同方向掘进一定距离;形成作业空间后,转向相反方向施工,扩挖临时支护达到正洞标准断面,方案设计如图 6-5-6、图 6-5-7 所示。

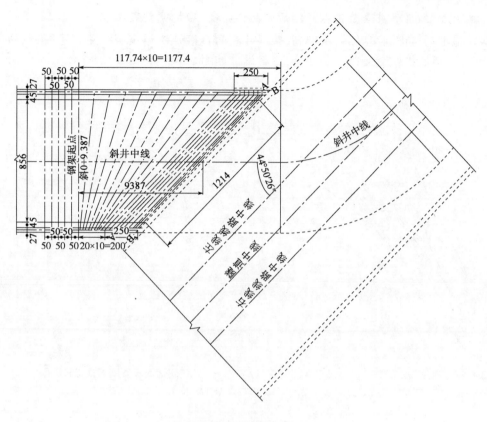

图 6-5-6　斜井钢架过渡段平面布置示意图(尺寸单位:cm)

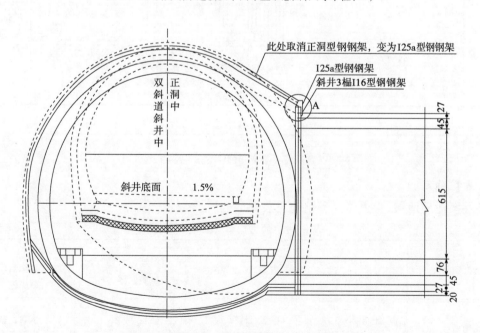

图 6-5-7　斜井进入正洞立面示意图(尺寸单位:cm)

4. 挑顶方案四(斜井垂直进入正洞后向两侧爬高,后扩挖交叉口)

斜井施工至与正洞交界后,不爬高,按斜井断面直接开挖至正洞线路右边线,然后小导洞向两侧爬高,最后扩挖交叉口正洞部分,方案设计如图 6-5-8 ~ 图 6-5-10 所示。

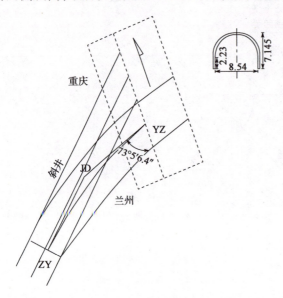

图 6-5-8 斜井贯通正洞纵断面示意图(尺寸单位:m)　　图 6-5-9 斜井贯通正洞平面示意图

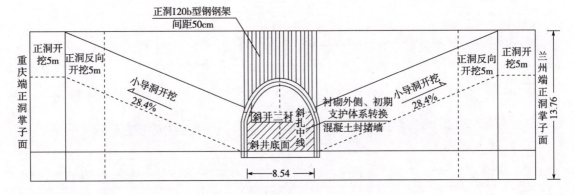

图 6-5-10 斜井与正洞关系剖面示意图(尺寸单位:m)

5. 方案确定

各方案适用地层、受力体系等情况见表 6-5-1。

挑顶方案比较　　　　表 6-5-1

方案项目	方案一 (斜井爬高)	方案二(小导洞)	方案三(斜井转入正洞后反挑)	方案四(斜井垂直进入正洞后向两侧爬高,后扩挖交叉口)
适用地层	含水砂层、人工填土、淤泥、Ⅵ级围岩	黄土,Ⅲ、Ⅳ、Ⅴ级围岩地段	黄土及Ⅲ级围岩地段	黄土、含水砂层、Ⅳ级围岩

续上表

方案项目	方案一（斜井爬高）	方案二（小导洞）	方案三（斜井转入正洞后反挑）	方案四（斜井垂直进入正洞后向两侧爬高,后扩挖交叉口）
工程实例	北京地铁	铁路隧道	郑西线	铁路隧道
工序	工序繁琐,依次开挖台阶,需对爬高段结构架设临时横撑	采用小导洞对正洞拱部进行开挖,然后进入正洞施工	工序较繁琐,反挑阶段拱部施工困难	直接沿斜井轮廓开挖,工序简单
支护	临时支护量大	仅有小导洞为临时支护	临时支护量大	临时支护量大
受力体系	在爬高段结构与正洞开口两侧设置锁口圈梁,即密排3榀I25a正洞钢架,爬高段拱部断开钢架与圈梁连接	在斜井与正洞交界处设置3榀I25a斜井门框式圈梁,正洞拱部与仰拱断开钢架分别与门框圈梁连接	在斜井与正洞交界处设置3榀I25a斜井门框式圈梁,正洞反挑时拱部与仰拱断开钢架分别与门框圈梁连接	在斜井与正洞交界处设置3榀I25a斜井门框式圈梁,交叉口扩挖后拱部与仰拱断开钢架分别与门框圈梁连接

通过比对,能够适应该种地层,操作上简单,施工过程中安全系数较高的为方案四。

三、直接进入正洞横向贯通单侧喇叭状挑高技术

1. 技术路线

主要路线为斜井横向贯通正洞部分采用三台阶法施工,贯通后斜井二衬采用钢筋混凝土加强,二衬施工过程中,以避车洞的形式提前预留小导洞开挖洞口;导坑开挖以三台阶临时仰拱法,辅以超前预注浆及真空降水,导洞沿正洞右侧边墙以喇叭状分别向兰州方向及重庆方向爬高、扩大;在斜井小导洞爬高过程中由三台阶临时仰拱法过渡为正洞CRD法施工,小导洞、正洞采用双层支护,正洞拱顶预留沉降值60cm,预留收敛值各30cm,导洞爬高25m达到正洞预定断面,如图6-5-9～图6-5-10所示。

（1）斜井直接开挖至正洞贯通并具备交叉口右侧门架安装位置,预留出小导洞位置后施作斜井二衬,斜井两侧底脚采用轻型井点降水,排除正洞范围内地下水。

（2）在斜井贯通正洞部分二衬加固完成后,开始了正洞重庆端小导洞的开挖,开挖爬坡坡度为28.4%,小导洞尺寸为5m×5m,在超前支护的防护下(二衬施工前,提前施作超前支护),顺利完成第一榀小导洞的开挖及支护,随即转入小导洞正常施工,导洞沿正洞右侧边缘开挖,爬高过程中,以喇叭口形式向正洞重庆方向左侧逐渐放大,直至上导坑达到正洞轮廓;导洞爬高过程中,采用三台阶临时仰拱法,开挖以人工为主,支护采用钢架与锚网喷联合支护体系,并全环径向注浆;中台阶采用两次接腿,目的是使下台阶接腿达到预定尺寸,下台阶形成3m后,施作竖向密排钢管桩,之后施工仰拱,仰拱下部采用50cm厚C25混凝土干拌料换填,然后底板封闭I20b钢架,钢架间采用ϕ22钢筋纵向连接,间距1m,喷射C25混凝土,最后浇筑50cm厚C25混凝土铺底。

（3）小导洞施工过程中,拱部爬高、左侧逐渐向正洞左侧扩大,右侧一直沿正洞右侧设计位置施作,如图6-5-11、图6-5-12所示。

图 6-5-11 小导洞施工

图 6-5-12 小导洞爬高、扩挖施工

（4）小导洞施工长度约 25m（拱部与正洞顶基本一致，左侧边墙与正洞左侧相差 1m 左右），小导洞直接扩挖至正洞拱部轮廓；同样开挖尺寸施工正洞拱部 5m 后，对拱部初期支护进行锁脚加固；小导洞沿正洞开挖尺寸反向扩挖施工，再次形成 5m 正洞拱部初支，并对初支进行加固。

（5）分台阶接长小导洞边墙，同时对正洞拱部向下扩挖，扩挖过程中在适当位置增设临时仰拱，直至正洞内轨顶面高度，即形成正洞 CRD 工法断面；按照正洞工法施工正洞一定距离后，开始施作之前的仰拱、填充、二衬，至此重庆端挑顶工作完成，形成正洞施工工序。

（6）同样方法施工兰州方向挑高，小导洞可进行二次扩挖，为正洞施工提供理想的通道。

（7）交叉口位置正洞的扩挖待贯通后进行，先在斜井与正洞交叉位置衬砌轮廓外施作混凝土封堵墙，保证扩挖时交叉口结构的稳定，然后将正洞初支钢架落到衬砌混凝土上方，最后施作正洞衬砌，逃生通道从另外贯通面通行。

（8）斜井提前采用过渡段，过渡段长度 28m，曲线半径 75.6m，与主线相交位置交角为 73°。

（9）交叉口处正洞拱顶预留沉降量 60cm，单侧边墙收敛预留值 30cm。

小导洞施工前，在斜井贯穿正洞部分，两侧边墙增设 20 台自吸泵轻型井点降水、底板增设 6 口深井真空负压井，同时斜井降水体系正常运行，提前对正洞部分进行超前降水，如图 6-5-13～图 6-5-18。

图 6-5-13 深井负压降水

图 6-5-14 轻型井点降水

图 6-5-15　交叉口降水管路位置

图 6-5-16　交叉口降水系统

图 6-5-17　小导洞扩挖至正洞断面

图 6-5-18　交叉口全图

根据量测结果,为确保施工安全,及时增设中隔壁及二次初期支护。在充分考虑正洞拱顶沉降、两侧收敛的前提下,小导洞在施工25m后,完成正洞重庆端上导坑的挑高;同时开始正洞兰州端小导洞开挖,开挖及支护25m后,拱顶挑高完成。

2．支护技术

(1)斜井贯穿正洞后,除小导洞外,均需施作二衬加强。

(2)斜井边墙施作小导洞前,其轮廓应采用工字钢锁口加强。

(3)小导洞尺寸逐渐放大,开挖前应加工好异型型钢,施工过程中做好测量。

(4)门架采用(2~5)I20b型钢制作,共需两处,位置分别为$X_0+(-9.97)/X_0+5.57$,与斜井钢架牢固焊接。

(5)正洞拱架加强至I20b型钢,每榀钢架单侧不少于6根锁脚锚杆,锁脚与拱架牢固焊接,防止拱部下沉,正洞按照双层初支考虑。

3．施工技术

(1)小导洞开挖。

小导洞断面尺寸为5m×5m,采用爬坡形式沿正洞右侧开挖轮廓线开挖,左侧尺寸逐渐加大,开挖至正洞拱顶轮廓线后,一次扩挖至正洞拱顶轮廓;小导洞开挖过程中可按实际情况增加临时支护结构,及时施作初期支护,支护标准同正洞。

开挖过程中,因左侧断面在逐渐放大,开挖及支护尺寸不易确定,应提前做好尺寸计算,同时加强测量工作。

(2)正洞两侧切线初支安装。

门架水平梁顶部预埋钢板为 50cm×22cm×1.5cm,切线初支需按尺寸提前加工,安装过程中除采用螺栓连接外,需采用焊接予以加强。

(3)小导洞二次扩挖应根据现场实际情况确定扩挖尺寸,同时做好围岩监控量测工作。

四、小结

该技术充分考虑交叉口结构受力复杂性,采用较小断面垂直进入正洞,再单侧喇叭状扩挖至正洞断面后进入正洞施工;待隧道贯通后在斜井与正洞交叉位置衬砌轮廓外施作混凝土封堵墙,保证扩挖时交叉口结构的稳定,然后将正洞初支钢架落到衬砌混凝土上方,最后施作正洞衬砌,减少初支体系转换,安全度高;逃生通道从另外贯通面通行。

形成了斜井横向贯通正洞单喇叭挑高方法发明专利和富水第三系粉细砂岩斜井挑高段施工局级工法,研究成果成功地运用到隧道多座斜井跳高段施工中,确保了本工程施工优质、安全、快速、高效地进行。本项目的研究成果为我国饱和弱成砂岩地层隧道安全、快速施工积累了成功经验。

第六节 双侧壁和 CRD 工法

一、双侧壁工法

富水弱胶结砂岩地层隧道围岩软弱、松散,富水并有局部股状流水,围岩变形快,侧压力大,自稳时间短,开挖后极易产生围岩失稳坍塌及局部管涌现象,管涌呈流水、流砂及流泥状。

1. 工法断面

为保证隧道施工安全稳定,采用双层超前的小导管超前预注浆加固、双侧壁九部开挖辅以综合降水,工法分部及断面如图 6-6-1~图 6-6-3 所示。

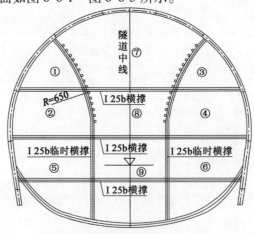

图 6-6-1 九部双侧壁横断面示意图

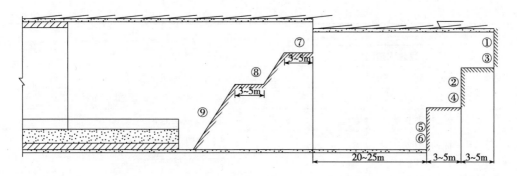

图 6-6-2 九部双侧壁纵断面示意图

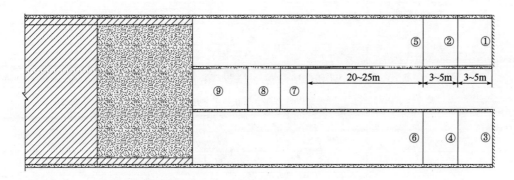

图 6-6-3 九部双侧壁平面示意图

2. 支护参数

双侧壁九部开挖法初支拱架采作 I25a 工字钢拱架,间距 0.5m,临时拱架和二次支护拱架采用 I20b 拱架,初支全环喷射 C30 早高强混凝土 33cm,超前支护设双层 $\phi 42$ 小导管长 4m,环向间距 30cm。具体支护参数见表 6-6-1。

双侧壁工法参数　　　　　　　　　　表 6-6-1

项　目		支　护　参　数
围岩分级		特殊砂岩
预留变形量		加强段落 60cm,常规段落 35cm
超前支护	超前大管棚	井口两工作面打设双层 $\phi 108$ 大管棚 15m 环向间距 40cm
	超前小导管	设置双层 $\phi 42$ 小导管预注浆,长 4m,环向间距 30cm
	边墙小导管	边墙竖向设置 $\phi 42$ 小导管,长 1m,密排布置
初期支护	喷混凝土	全环 C30 早高强混凝土 33cm 厚
	系统锚杆	拱部 $\phi 22$ 组合中空锚杆,长 4m,边墙 $\phi 22$ 砂浆锚杆,长 4m,间距 1.0×1.0m
	锁脚锚管	接头部位设置 48 根 $\phi 42$ 锚管,$L = 4.5$m
	钢筋网	全环双层 $\phi 8$ 钢筋网,网格间距 20×20cm
	钢架	全环工 I25a 型钢,间距 0.5m,钢架设置纵向 32a 槽钢托梁,并设置 $35 \times 35 \times 15$cm 的混凝土垫块

续上表

项　目		支　护　参　数
初期支护	双侧壁钢架	全环I20b型钢，间距0.5m
	纵向连接筋	双层φ22螺纹钢筋，"Z"字形连接，环向间距1.0m
	钢筋网	全环双层φ8钢筋网，网格间距20×20cm
模筑二次支护（加强段）	衬砌混凝土	C40混凝土40cm
	钢筋网	双层φ8钢筋网，网格间距20×20cm
	钢架	全环I20b型钢，间距1m
	纵向连接筋	全环双层φ22螺纹钢筋，"Z"字形连接，环向间距1.0m
二次支护	喷混凝土	C25混凝土27cm
	钢筋网	双层φ8钢筋网，网格间距20×20cm
	钢架	全环I20b型钢，间距1m
	纵向连接筋	φ22螺纹钢筋，"Z"字形连接，环向间距1.0m
二次衬砌		主筋间距12.5cm，二衬C40混凝土，加强段落厚度80cm，常规段落厚度60cm
降水		采用重力真空深井和水平超前、台阶负压降水疏干基底地下水，同时采用滤网积水坑抽取汇集水
基底处理		50cm厚混凝土干拌料
初期支护径向注浆		全环设置φ42注浆小导管，长4m，间距1×1m
横向排管		横向设置φ42小导管，$L=2.5m$，密排
施工方法		采用双侧壁九部开挖法施工，施工时采用8cm的C25喷混凝土封闭掌子面

采用I25a和I20b工字钢双层支护，间距0.5m/榀，φ22双层连接筋，环向间距1m，φ8钢筋网，网格间距20cm×20cm，C30早高强喷射混凝土，厚度33cm。

3. 导坑各分部

由于开挖竖井时发现局部出现管涌现象，所以开挖正洞应尽可能减小开挖面积，如果开挖面积较大时出现管涌现象基本无法采取有效的封挡措施。导坑底部断面开挖尺寸和形状既要考虑满足机械化作业的需要，又要尽量减少后部工序开挖的跨度，因此开挖宽度确定为4.5m，以满足单车施工运输的需要；高度确定为4.7m，在机械化施工作业高度范围内，同时又减少后部工序开挖的宽度，导坑形状靠近边墙一侧与曲墙墙背相同。

正洞双侧壁导坑开挖尺寸如图6-6-4所示，双侧壁导坑开挖工序如图6-6-5所示。

4. 双侧壁法工序

(1) 上导洞施工

①超前支护施作φ42超前小导管，注水泥、水玻璃双液浆。

②人工开挖①、②部。

③喷8cm厚混凝土封闭掌子面。

④施作①、②部导坑周边的初期支护和临时支护，即初喷4cm厚混凝土，架立I25钢架和I20b临时钢架，并打设锁脚锚管。

⑤导坑底部喷33cm厚混凝土，施作①、②部临时仰拱，安设I20b横撑。

⑥打设系统锚杆后复喷混凝土至设计厚度。
⑦打设径向注浆钢管并注水泥水玻璃双液浆。

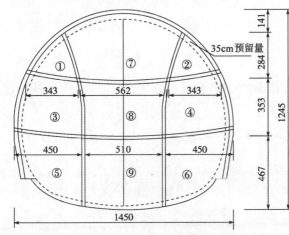

图 6-6-4　正洞双侧壁导坑开挖轮廓(尺寸单位:cm)　　图 6-6-5　双侧壁开挖工序

(2)侧壁导坑中台阶
①在施工①、②部掘进 6m 后,人工开挖③、④部。
②喷 8cm 厚混凝土封闭掌子面。
③施作③、④部导坑周边的初期支护和临时支护,即初喷 4cm 厚混凝土,架立I25钢架和I20b 临时钢架,并设锁脚钢管。
④导坑底部喷 33cm 厚混凝土,施作③、④部临时仰拱,安设I20b 横撑。
⑤打设系统锚杆后复喷混凝土至设计厚度。
⑥打设径向注浆钢管并注水泥水玻璃双液浆。

(3)侧壁导坑下台阶
开挖⑤、⑥拱部,开挖时留核心土,并施工该部初期支护,顶部掘进约 4m 后开挖第一道隔板并架设I20b 临时钢架并喷射 27cm 厚混凝土。

(4)核部施工
①人工开挖⑦部,喷 8cm 厚混凝土封闭掌子面。
②施作①、②部导坑周边的初期支护和临时支护,即初喷 4cm 厚混凝土,架立I25 钢架,并设锁脚钢管。
③打设径向注浆钢管并注水泥水玻璃双液浆。
④待⑦部临时仰拱超前 6.0m 后,重复前述⑧部开挖,封闭掌子面及支护。

(5)核部下台阶施工
①在⑧部完成 6m 后开挖⑨部。
②喷 8cm 厚混凝土封闭掌子面。
③施作⑨部导坑周边的初期支护和临时支护,即初喷 4cm 厚混凝土,架立I25 钢架,并设锁脚钢管。
④打设径向注浆钢管并注水泥水玻璃双液浆。

(6)隧道双层支护

在全部完成初期支护后,拆除临时中隔之前进行双层支护,双层支护采用I20b钢架,全环进行支护,并喷射27cm混凝土。

二、CRD工法

1.工法断面

为保证隧道施工安全稳定,拟采用超前小导管预注浆加固,CRD工法六部开挖,并辅以综合降水,工法分部及断面如图6-6-6所示。

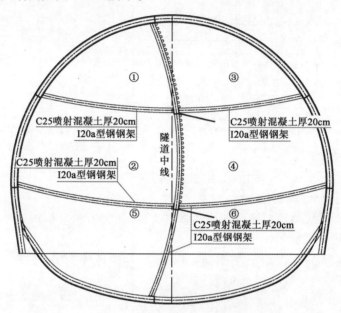

图6-6-6 CRD横断面示意图

2.支护参数

六部CRD开挖法初支拱架采作I25a工字钢拱架,间距0.5m,临时拱架和二次支护拱架采用I20b拱架。初支全环喷射C30早高强混凝土33cm。超前支护设$\phi42$超前小导管长2.6m,环向间距10cm。具体支护参数见表6-6-2。

支 护 参 数　　　　表6-6-2

项　目		支 护 参 数
围岩分级		特殊砂岩
预留变形量		加强段落60cm,常规段落35cm
超前支护	超前小导管	拱部180°设置$\phi42$小导管预注浆,长2.6m,环向间距10cm
初期支护	喷混凝土	全环C30早高强混凝土33cm厚
	锁脚锚管	接头部位设置48根$\phi42$锚管,$L-4m$
	钢筋网	全环双层$\phi8$钢筋网,网格间距20×20cm
	钢架	全环I25a型钢,间距0.5m

续上表

项　　目		支　护　参　数
临时支护	中隔壁 中隔壁钢架	全环I20b型钢，间距0.5m
	纵向连接筋	双层 $\phi 22$ 螺纹钢筋，"Z"字形连接，环向间距1.0m
	钢筋网	全环 $\phi 8$ 钢筋网，网格间距 20×20 cm
二次支护（加强段）	衬砌混凝土	C40混凝土60cm
	钢筋网	全环 $\phi 8$ 钢筋网，网格间距 20×20 cm
	钢架	全环I20b型钢，间距1m
	纵向连接筋	全环 $\phi 22$ 螺纹钢筋，"Z"字形连接，环向间距1.0m
二次衬砌		主筋间距12.5cm，二衬C40混凝土，加强段落厚度80cm，常规段落厚度60cm
降水		采用重力真空深井和水平超前、台阶负压降水疏干基底地下水，同时采用滤网积水坑抽取汇集水
基底处理		50cm厚混凝土干拌料
初期支护径向注浆		全环设置 $\phi 42$ 注浆小导管，长4m，间距 1×1 m
横向排管		横向设置 $\phi 42$ 小导管，$L = 2.5$ m，密排
施工方法		采用六部CRD开挖法施工，施工时采用8cm的C25喷混凝土封闭掌子面

3. 开挖工序

(1) 利用上一循环架立钢架施作隧道超前支护；开挖①部土体；及时施作初期支护及临时支护，打设钢架锁脚锚管，安设横撑。

(2) ①部施工至适当距离后，开挖②部，接长钢架，施作初期支护及临时支护，打设钢架锁脚锚管，安设横撑。

(3) 滞后适当距离如上步骤，开挖③部、④部土体，施作初期支护及临时支护，使之封闭成环。

(4) ④部施工至适当距离后，开挖⑤部，接长钢架，施作初期支护及临时支护。

(5) 滞后适当距离，开挖⑥部土体，施作初期支护，使之封闭成环。

(6) 在全部完成初期支护后，拆除隔板之前进行双层支护，双层支护采用I20b钢架，全环进行支护，并喷射27cm混凝土。

(7) 分段拆除临底部侧壁临时支护，拆除长度根据监控量测结果分析后确定，一次拆除长度不大于10m。施作仰拱及隧底填充。

(8) 分段拆除剩余临时支护。

(9) 利用衬砌模板台车一次性灌筑二次衬砌。

第七节　浅埋段隧道地表旋喷加固技术

一、技术特点

大断面浅埋隧道极软岩富水砂层段施工，传统处理方法多为帷幕注浆固结，但此种工法存在施工周期长、工程造价高等缺点。

采用地表高压旋喷对地层进行加固,洞内分部开挖、强支护,配合φ89钢管锁脚等综合措施,不仅能保证施工期间施工安全,而且地表高压旋喷注浆固结拱圈周围岩体,从而有效的改善砂层水害引起的一系列危害及隐患,保证施工和运营期间安全。

该帷幕注浆固结法实现洞内、外平行施工,可减少施工时间加快施工进度。地表高压水平旋喷加固,相对于传统的洞内帷幕注浆加固措施,有效地避免了帷幕注浆因注浆扩散效果不理想,需反复进行封闭注浆所浪费的施工时间及成本,从而降低施工成本。地表水平旋喷加固施工设备造价低,操作简单,施工人员少,施工难度小等,具有很强的可操作性。

二、地表竖直旋喷加固方法

由于帷幕注浆造价较高,经比选后浅埋段决定采用地表竖直旋喷加固技术。地表旋喷桩施工长度深入下部泥岩2.5m,利用地表旋喷桩将拱圈周围软弱围岩进行旋喷固结,在掌子面及周边位置形成固结墙体,防止掌子面失稳垮塌。

待洞外旋喷加固完成后,洞内采取分部法开挖,φ89锁脚钢管加固,用于提高初期支护整体性。

三、施工工艺及技术

1. 施工工艺流程

施工工艺流程如图6-7-1所示。

2. 旋喷注浆加固施工

按孔位设计钻机就位,钻杆旋转至设计孔底高程后边旋转提升、边高压旋喷注浆。

施工中严格控制钻杆提升速度、旋转速度、注浆流量与压力等参数,并做好施工记录。钻杆提升速率,一般为20cm/min;注浆高压注浆泵压力,一般35~40MPa;注浆时注意连续均匀提升,无论何种原因造成停喷,再喷时必须下钻20cm以上进行衔接,以防桩体脱节夹泥夹砂。再高压喷射注浆过程中,当出现压力突然增加或降低,大量冒浆或完全不冒浆时,应及时停喷检修,查明原因,采取相应措施。

四、施工效果及评价

大断面浅埋极软岩富水界面施工技术采用地表竖直旋喷预加固,既保证了安全、质量,又快速地完成了DK82+918~DK82+953浅埋极软岩富水段施工。

通过对比计算,每延米节约施工成本约18.88万元,并形成了大断面浅埋极软岩富水界面施工局级工法。

图6-7-1 施工工艺流程

第七章 隧底围岩扰动液化综合治理技术

本章介绍饱和弱胶结砂岩液化特性、在施工扰动下的液化判定方法、运营动载下的振动液化分析和扰动液化综合治理技术。采用综合降水、非液化土置换、隧底补注浆等综合技术,防控围岩局部扰动液化。

第一节 饱和弱胶结砂岩液化特性

一、扰动液化概念

扰动液化是饱和土在动荷作用下由于其原有强度的丧失而转变为一种类似液体状态的现象,它是一种土体强度大幅度骤然丧失的特殊强度问题。处于饱和状态的砂岩(特别是粉细砂、细砂),受到一定强度的扰动时,在动荷载的作用下,砂岩有被振密的趋势。这种快速的密实趋势,使砂岩孔隙中的水压力逐渐上升而来不及消散,致使原来由砂粒通过接触点所传递的应力(称为有效应力)减小。当有效应力完全消失时,土的抗剪强度为零,就丧失承载力。这时,土颗粒在失重状态随水漂流。这种在扰动作用下,因孔隙水压力上升使砂岩完全丧失抗剪强度,成为流动状态的现象,称为砂的扰动液化。

地震、爆破、机械振动等均能引起砂土液化,其中尤以地震为广,危害最大。在一般建筑工程中,地基砂土液化可导致建筑物大量沉陷或不均匀沉陷,甚至倾倒,造成极大危害。胡麻岭隧道富水弱胶结砂岩地层施工过程中,围岩受机械设备振动、施工人员扰动等人为动荷载的持续振动,围岩存在扰动液化现象。

二、扰动液化机理

在饱和粉细砂地层隧道施工中,扰动过程是一个能量加载与传递过程,人员及设备振动就是能量从振源以应力波的形式通过岩土介质向外传播和扩散,导致粉细砂介质质点状态改变,最基本的一点是使之产生位置变动。砂土在扰动作用下,每个颗粒都受到相等的扰动力的反复作用,这种惯性力周期性的反复作用使各颗粒处于运动状态。运动必然使他们之间的相互位置产生调整,以降低其总势能而最终达到稳定状态。如果扰动前砂土呈紧密状态,经过扰动,砂土孔隙度越来越小,但变化不会很大;而扰动前处于疏松状态的砂土,当砂土层位于地下水面以上时,由于孔隙中的气体易排除又可以压缩,砂土也不会液化。而位于地下水面以下的饱和砂土要变得密实就必须排水。通常认为孔隙水是不可压缩的,饱和砂体积减小要求有相应体积的水从孔隙中排出。随着孔隙的减小和水分的排出,疏松砂土将越来越趋于密实,透水性也越来越小。同时,扰动变形需要从孔隙中排出的水来不及排出砂土体之外,必然使孔隙水压力上升,砂粒间有效正应力随之而降低。当孔隙水压上升到使颗粒间有效正应力降为零时,则颗粒完全悬浮于水中,砂体就完全丧失了强度和承载力。其液化形成过程可以用抗剪强度公式简述如下:

砂土在静力条件下的抗剪强度,

$$\tau = \sigma\tan\varphi \tag{7-1-1}$$

式中:σ——剪切面的法向应力;

φ——砂土的内摩擦角。

当砂土处于饱水状态时,由于静止孔隙水压力(u)的作用,其有效法向应力将由σ减小到σ_s,$\sigma_s = \sigma - u$。这时的抗剪强度,

$$\tau_f = \sigma_s\tan\varphi = (\sigma - u)\tan\varphi \tag{7-1-2}$$

如果砂土较为松散,在扰动荷载的反复作用下,使颗粒相互靠紧,扰动增密后,对于饱和粉细砂来说,孔隙水不能及时排出,在原来静止孔隙水压力的基础上,产生了附加孔隙水压力(Δu),随着扰动荷载的反复作用,附加孔隙水压力不断积累而逐渐上升,其结果使颗粒间的有效应力降低甚至消失。设附加孔隙水压力为Δu,则有效法向将进一步降低为:

$$\tau = (\sigma - u)\tan\varphi = (\sigma - u - \Delta u)\tan\varphi \tag{7-1-3}$$

式中:Δu——因扰动而产生的附加孔隙水压力;

u——总的孔隙水压力,当$u = \sigma$时,砂土抗剪强度$\tau = \sigma\tan\varphi = 0$。

三、饱和弱胶结砂岩施工扰动液化现象

在兰渝铁路胡麻岭隧道3号、4号斜井施工中,掌子面开挖后揭示围岩为粉细砂岩,岩体破碎,表面软化速度很快,施工时人员、机械对岩体产生了扰动,出现扰动液化现象,围岩扰动后急速弱化,呈流塑状,施工难度不断加大。

在胡麻岭隧道3号斜井、4号斜井正洞施工中,掌子面开挖后揭示围岩为富水弱胶结砂岩地层,围岩含水率较高,趋于饱和状态时,受施工人员、设备持续扰动,出现扰动液化现象,围岩表面急速弱化后,呈流塑状,如图7-1-1、图7-1-2所示。

图7-1-1　4号斜井工区正洞开挖后液化现象

图7-1-2　3号斜井开挖后土体液化现象

1. 饱和弱成砂岩液化特性

在饱和粉细砂岩隧道施工中,扰动过程是一个能量释放与传递过程,地震振动就是能量从震源以地震波的形式通过岩土介质向外传播和扩散,导致砂岩介质质点状态改变,最基本的一点是使之产生位置变动。岩体特征不同,介质内分布的能量密度也不同,所引起的振动及破坏的程度亦不同。砂岩是否发生液化,主要是看振动在多大程度上改观了砂岩的性状,以及砂岩自身的土水平衡体系。砂的颗粒越粗,黏粒越多,动力稳定性越高,黏土与巨粒土不易液化,而处于中间的粉细砂有可能发生液化,随着荷载的施加,砂岩颗粒骨架有趋于紧密的趋势,这使得试样中的超静孔隙水压力逐渐上升,外部荷载的能量逐渐转移到水体中去,使得水体处于受压状态。

2. 液化判别的方法

液化判别的方法有很多种,主要方法有:

(1) 根据地下水位、黏粒含量、沉积年代等因素判断。

(2) 根据原位试验、室内试验及理论计算方法判断。原位试验方法主要将试验得到的标贯锤击数、静力触探的贯入阻力、剪切波速与规范推荐的经验公式计算的可液化结果进行对比,该法依赖于原位试验结果的准确性和经验公式的可靠性;室内试验主要是利用动三轴或动直剪实验,得到循环次数和频率一定时(循环次数和频率根据地震烈度取值)土体的抗液化强度,该法主要受到土样扰动和荷载波形模拟的影响;理论计算包括总应力法和有效应力法,总应力法不考虑孔压的影响,直接计算扰动在土中引起的剪应力,而有效应力法则考虑孔压的增长和消散,可计算扰动历时的孔压值。

3. 液化原因分析

影响液化的原因有以下几个方面:

(1) 黏粒含量。细砂较粗砂容易液化,细砂容易液化的主要原因是其透水性差,当黏粒含量超过表7-1-1的限制时,即不发生液化。

液化时黏粒含量界限值 表7-1-1

地 震 烈 度	黏性粒径小于0.005mm的含量(%)	地 震 烈 度	黏性粒径小于0.005mm的含量(%)
7	10	9	16
8	13		

(2) 地下水位影响。地下水位浅时较地下水位深时容易液化。对于砂土,一般地下水位小于4m时容易液化,超过此水位则不发生液化。

(3) 土层液化深度。

(4) 动荷载影响。除天然地震外,人类工程活动产生的动荷载易使饱和砂土产生超孔隙水压力,而导致其液化。

根据设计文件显示:该段饱和弱成砂岩最小黏粒含量为6%,平均黏粒含量为9%,细度模数为0.7,渗透系数为10^{-5}m/s,地震等级按照7度(烈度)设防,按照影响液化因素分析,黏粒含量在液化范围内,饱和砂岩地下水位小于4m,且受施工过程中的扰动作用,超静孔隙水压力突现,致使土水体系内有效应力下降,抗剪强度降低,砂岩维持自身形状的能力下降,就造成了液化现象,固态砂岩显示出液态性状。扰动液化给隧道施工造成平衡拱失稳、初期支护变形、开裂,土体呈流塑状流淌甚至隧道塌方等严重后果。

第二节 饱和弱胶结砂岩在施工扰动下的液化判定

一、扰动液化的主要影响因素

经验表明,影响饱和砂土扰动液化可能性的主要因素如下(表7-2-1):

(1)土性条件(土的颗粒特征、密度特征以及结构特征)。砂的颗粒越粗,黏粒越多,动力稳定性越高,黏土与巨粒土这两极不易液化,而处于中间的粉细砂有可能发生液化。

(2)起始应力条件(动荷施加以前土所承受的法向应力和剪应力以及它们的组合)。

(3)动荷条件(动荷的波形、振幅、频率、持续时间以及作用方向等)。随着荷载的施加,粉细砂颗粒骨架有趋于紧密的趋势,这使得试样中的超静孔隙水压力逐渐上升,外部荷载的能量逐渐转移到水体中去,使得水体处于受压状态。

(4)排水条件(土的渗透性、排水路径及排渗边界条件)。

影响饱和土体扰动液化的因素　　　　　　表7-2-1

因素			指标	对液化的影响
土性条件	颗粒特征	粒径	平均粒径 d_{50}	细颗粒较容易液化,平均粒径在0.1mm左右的粉细砂抗液化性最差
		级配	不均匀系数 C_u	不均匀系数愈小,抗液化性愈差,黏性土含量愈高,愈不容易液化
		形状	—	圆粒形砂比棱角形砂容易液化
	结构状态		—	原状土比结构破坏土不易液化,老砂层比新砂层不易液化
	密度特征		孔隙比 e 相对密实度 D_r	密度愈高,液化可能性愈小
	渗透性质		渗透系数 k	渗透性低的砂土容易液化
	固结程度		超固结比 OCR	超压密砂土比正常压密砂土不易液化
埋藏条件	上覆土层		上覆土层有效压力 σ_v	上覆土层愈厚,土的上覆有效压力愈大,就愈不容易液化
			静止土压力系数 K_0	—
	排水条件	孔隙水向外排出的渗透路径长度	液化砂层的厚度	排水条件良好有利于孔隙水压力的消散,能减小液化的可能性
		边界土层的渗透性		
动荷条件	扰动强度		动力加速度 a_{max}	扰动强度大,动力加速度高,就愈容易液化
	持续时间		等效循环次数 N	扰动时间愈长,或扰动次数愈多,就愈容易液化

二、液化判定

1. 地质状况

胡麻岭隧道第三系富水弱胶结砂岩地层,粉细粒结构,泥质弱胶结,易失稳坍塌;该地层地下水位高,含水率大,水位在拱顶以上约40m,经过物性试验得出该段富水弱胶结砂岩地层最小黏粒含量为6%,平均黏粒含量为9%,细度模数为0.7,渗透系数为10^{-5}m/s,黏粒含量在液化范围内;隧道通过区埋深200~220m。

2. 触探试验

根据《铁路工程地质原位测试规程》(TB 10018—2003),采用轻型触探仪分别对胡麻岭隧道4号斜井正洞隧底DK79+356~DK79+358原状体围岩(剥离清除围岩表面弱化层)、开挖后围岩(受机械设备作业振动后)、支护后围岩(受施工人员作业再扰动后)三种不同工况进行标准贯入试验。

采用轻型触探仪(N10),探杆长2.1m,落锤重10kg,落距500mm,探头直径40mm,锥角60°,贯入度30cm。取经验公式:地基承载力 = $8N - 20$(N为锤击数),试验数据对比见表7-2-2。

不同工况下围岩动力触探试验数据对比　　　　表7-2-2

工况	里程部位	探杆长(m)	贯入度(cm)	锤击数 N	承载力 σ_0(kPa)	平均值 $\bar{\sigma}$(kPa)
原状体围岩	DK79+358	2.1	30	17	116	127
	DK79+357	2.1	30	20	140	
	DK79+356	2.1	30	18	124	
开挖作业后	DK79+358	2.1	30	3	28	28
	DK79+357	2.1	30	5	20	
	DK79+356	2.1	30	7	36	
支护作业后	DK79+358	2.1	30	1	0	1
	DK79+357	2.1	30	3	4	
	DK79+356	2.1	30	2	0	

通过触探试验数据对比可知:

对原状体围岩进行触探试验,锤击数N分别为17、20、18,经换算承载力平均值$\bar{\sigma}$约127kPa;对开挖作业后围岩(受机械设备作业振动后)进行触探试验,锤击数N分别为3、5、7,经换算承载力平均值$\bar{\sigma}$约28kPa;对支护作业后围岩(受施工人员作业再扰动后)进行触探试验,锤击数N分别为1、3、2,经换算承载力平均值$\bar{\sigma}$约1kPa,部分位置扰动液化后承载力为0。

3. 富水弱胶结砂岩地层在动荷载作用下的扰动液化判定

在隧道施工过程中,围岩经过开挖施工后改变了原始状态,直接受洞内机械设备振动及施工作业人员扰动。开挖作业造成原来的土体颗粒间联结强度与结构状态被破坏,在人为动荷载的持续影响下,松散土体结构进一步被扰动,有被压密的趋势。土粒之间原先由砂粒间接触点所传递的压力,传给孔隙水来承担,引起孔隙水压力的骤然增高。孔隙水在一定超静水压力的作用下力图向上排出,而土颗粒在其重力作用下又力图向下沉落,因此,土在结构破坏的瞬间或一定时间内,土粒处于局部或全部悬浮(孔隙水压力等于有效覆盖压力)状态,土的抗剪强度局部地或全部地丧失,承载力大幅度急剧下降,出现不同程度的变形或完全液化,围岩由固态逐渐转化为流塑状态,即扰动液化。

在富水弱胶结砂岩地层特有的物性条件下,人为动荷载破坏了原状岩体结构,同时持续长时间反复压密,是造成富水弱胶结砂岩地层围岩局部扰动液化的主因。经过理论判断和现场施工情况比对,胡麻岭隧道富水弱胶结砂岩地层在人为动荷载影响下,存在围岩局部扰动液化现象。因此,扰动液化是胡麻岭隧道富水弱胶结砂岩地层重要水害之一。

三、扰动液化的危害

在兰渝铁路胡麻岭隧道3号斜井、4号斜井正洞施工中,掌子面富水弱胶结砂岩地层受施工人员、设备持续振动和扰动,出现扰动液化现象。受施工过程中的振动作用,超静孔隙水压力突现,致使土水体系内有效应力下降,抗剪强度降低,砂岩维持自身性状的能力下降,固态粉细砂显示出液态性状。扰动液化造成施工过程中人员设备陷入液化围岩中无法移动,施工难度不断加大;严重时隧底基底扰动液化后造成新浇筑仰拱开裂,初期支护结构基础扰动液化后引起初期结构沉降变形,如图7-2-1和图7-2-2所示。

图7-2-1 3号斜井上断面开挖后液化

图7-2-2 液化造成新浇筑仰拱表面开裂

第三节 饱和弱胶结砂岩运营动载下振动液化分析

振动荷载引起的振动使饱和砂土或粉土趋于密实,导致孔隙水压力增加。在动荷载作用的短暂时间内,这种急剧上升的孔隙水压力来不及消散,使得有效应力减小,当有效应力完全消失时,砂土颗粒局部或全部处于悬浮状态。此时,土体抗剪强度等于零,出现液化现象。本节使用FLAC3D计算软件对胡麻岭隧道运营过程中列车动荷载引起围岩出现液化现象的可能性进行计算验证。

一、模型的建立

1. 计算模型

考虑列车运行情况下动荷载使围岩土体发生液化的可能性,取最不利情况下隧道 DK78 + 190 ~ DK78 + 240 段来进行计算,该段隧道埋深浅,而受两侧山体中地下水的影响,土体内孔隙水压力高,在列车运行荷载的影响下孔隙水压力积累,易发生液化现象。同时,为了计算方便,此处建模取 30m 的隧道长度,使用 FLAC3D 建立模型如图 7-3-1 所示。

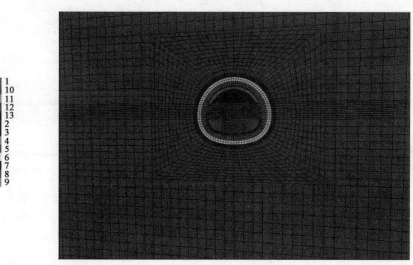

图 7-3-1　FLAC3D 建立的隧道模型

2. 隧道开挖支护后围岩应力场的生成

为计算列车运行荷载对围岩土体的影响,首先计算隧道开挖支护后后围岩的应力及孔压分布。围岩土体采用 Mohr – Coulomb 模型,隧道衬砌采用弹性模型进行计算。得到隧道开挖支护后围岩的竖向应力分布及孔隙水压力分布如图 7-3-2 和图 7-3-3 所示。

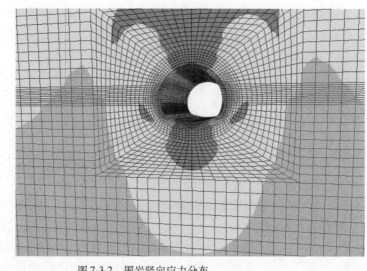

图 7-3-2　围岩竖向应力分布

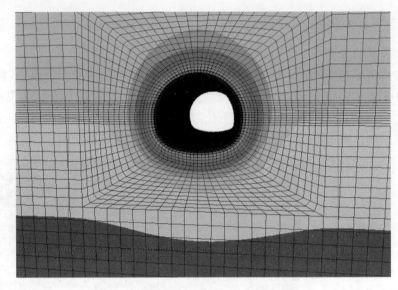

图 7-3-3　孔隙水压力分布

3. 列车动荷载的确定

一些学者分析了列车荷载的特性,指出影响振动的因素包括行车速度、轮轨接触面状态、钢轨不连续以及沿轨道长度上基础和支撑的变化等。英国铁路技术中心长期的研究表明,轨道不平顺和轮轴局部扁瘢是产生竖向荷载的主要因素。试验研究表明,轮轨竖向荷载集中在 3 个频率范围:

(1) 低频范围,0.5~5Hz,几乎全由车体对悬吊部分的相对运动而产生。

(2) 中频范围,30~60Hz,由于簧下轮对质量对钢轨的回弹作用而产生。

(3) 高频范围,200~400Hz,由于钢轨在运动时受到轮轨接触面的抵抗而产生。

于是,可采用激振力函数来模拟随机振动的列车荷载,其中包括静荷载部分和由一系列正弦函数叠加而形成的动荷载部分,即采用一个基于轨道不平顺原理、与高中低频振动、附加动载和轨面波形磨耗效应相对应的激振力来模拟轮轨之间的相互作用力,表达式为:

$$F(t) = P_0 + P_1\sin\omega_1 t + P_2\sin\omega_2 t + P_3\sin\omega_3 t \qquad (7\text{-}3\text{-}1)$$

式中:P_0——车轮静荷载;

$P_1 \sim P_3$——列车平稳性、动力附加荷载、轨面波形磨损而产生振动荷载的幅值;

$\omega_1 \sim \omega_3$——圆频率。

若簧下质量为 m,则:

$$P_i = ma_i\omega_i^2 \qquad (7\text{-}3\text{-}2)$$

$$\omega_i = 2\pi v/L_i \qquad (7\text{-}3\text{-}3)$$

式中:a_i——上述 3 种条件产生振动的振幅;

L_i——上述 3 种条件产生振动的典型波长;

v——列车行进速度。

关于轨道不平顺引起的振动荷载幅值,国内缺少相关实测和统计数据,一般借用英国轨道不平顺管理值,见表 7-3-1。实际运用时可以按此参考并结合经验取值。这样,振源模型就简化为连续梁在移动荷载 $F(t)$ 作用下的响应。

英国轨道不平顺管理值　　　　　　　　　　　　表 7-3-1

影响条件	波长 L_i(m)	正矢 a_i(mm)
列车平稳条件($i=1$)	50	16
	20	9
	10	5
线路附加动力荷载($i=2$)	5	2.5
	2	0.6
	1	0.3
轨面波磨($i=3$)	0.5	0.1
	0.05	0.05

取列车速度为 160km/h，根据式(7-3-1)~式(7-3-3)，得到列车运行时的动荷载时程曲线如图 7-3-4 所示。

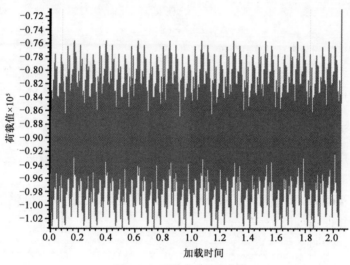

图 7-3-4　列车荷载时程曲线

4. 土体液化模型参数

（1）Martin et al. 方程

1975 年 Martin 等人很好地阐述了与液化相关的机理性问题，指出了塑性体积应变与循环剪切应变幅值之间的关系是与围压无关的。同时提出了单位剪切应变循环下的塑性体积应变增量 $\Delta\varepsilon_{vd}$ 与循环剪切应变 γ 的经验方程：

$$\Delta\varepsilon_{vd} = C_1^c(\gamma - C_2^c \varepsilon_{vd}) + \frac{C_3^c \varepsilon_{vd}^2}{\gamma + C_4^c \varepsilon_{vd}} \qquad (7\text{-}3\text{-}4)$$

式中：C_1^c、C_2^c、C_3^c、C_4^c——常数。

可以看出，塑性体积应变增量 $\Delta\varepsilon_{vd}$ 是累积塑性体积应变 ε_{vd} 的函数。可以推测当剪切应变 γ 为零时，塑性体积应变增量 $\Delta\varepsilon_{vd}$ 应该为零，从而得到：

$$C_1^c C_2^c C_4^c = C_3^c \tag{7-3-5}$$

(2) Byrne 方程

1991 年 Byrne 提出了另外一种形式更为简单的方程:

$$\frac{\Delta \varepsilon_{vd}}{\gamma} = C_1^c \exp\left[-C_2^c\left(\frac{\varepsilon_{vd}}{\gamma}\right)\right] \tag{7-3-6}$$

式中: C_1^c、C_2^c ——常数。

此外,还有一个参数 C_3^c,代表剪切应变阈值,低于该阈值时将不会产生体积应变。Byrne 提出可以利用相对密度 D_r 来计算 C_1^c,然后再计算 C_2^c。

$$C_1^c = 7600 \, (D_r)^{-2.5} \tag{7-3-7}$$

同时,相对密度与标准贯入击数存在一定的经验关系:

$$D_r = 15 \, (N_1)_{60}^{1/2} \tag{7-3-8}$$

将式(7-3-8)代入式(7-3-6)中可得:

$$C_1^c = 8.7 \, (N_1)_{60}^{-1.25} \tag{7-3-9}$$

进而可得:

$$C_2^c = \frac{0.4}{C_1^c} \tag{7-3-10}$$

(3) FLAC3D 中的土体液化本构模型

对土体液化的计算过程采用 FLAC3D 自带的 Finn 模型进行计算,该模型是通过上述 Martin 或是 Byrne 方程的形式嵌入 Mohr-Coulomb 塑性本构模型中。

二、计算结果与分析

在 FLAC3D 中用列车动荷载对隧道进行加载,并监测隧道拱顶、拱底、左右拱腰和拱脚处的孔压及有效应力的变化。

可以看到在列车动力荷载的作用下,围岩土体中孔隙水压力从积累到消散的过程,相应隧底围岩有效应力变化曲线如图 7-3-5 所示。

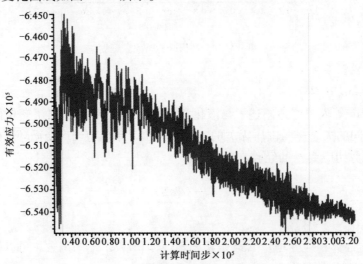

图 7-3-5 拱底围岩有效应力变化曲线

从图 7-3-5 可以看出,曲线中不存在有效应力为零的情况,所以可以认为在 160km/h 的列车荷载下,隧道周边的围岩没有发生液化现象。

第四节　扰动液化综合治理技术

在施工中扰动液化现象使施工难度加大,进度缓慢,工期压力大,安全风险高,为避免施工过程中人员、设备对围岩的影响,同时控制扰动液化引起的初期结构沉降变形,采取如下治理措施。

一、施工降水

利用超前水平真空降水、台阶轻型井点降水及重力深井负压降水的综合降水技术,有效地降低地下水位,把围岩含水率降低至塑限以下,在低含水率条件下作业,从根本上消除扰动液化现象产生的水害条件。

二、围岩注浆

隧道掌子面开挖后核心土使用早高强混凝土及时封闭,确保开挖面稳定,掌子面前方出现流塑状时,采取双液回退劈裂注浆进行加固稳定;在初期支护封闭后对初支背后进行径向回填注浆,有效的固结岩体,规避了运营期列车振动造成、围岩液化。

三、基底换填

将可液化土挖去(部分挖除,或全部挖出)并用非液化土置换。上部回填的土层还有利于防止下部砂层的液化破坏。

隧底开挖后采用级配碎石换填,厚度不小于 50cm。为避免受机械扰动围岩产生液化,施工中机械不直接接触岩体,在已施工换填并浇筑完混凝土的面上进行开挖施工,同时在开挖时尽量减轻机械设备对原状围岩的扰动和破坏,在接近开挖轮廓线时,采取人工辅助清渣;人工作业不直接接触原状土体,采取垫设木板及竹排措施,避免人为的"和稀泥"效应,减轻对原状土体的扰动。

四、其他措施

初期支护钢架拱脚垫设 35cm×35cm×15cm 的 C25 混凝土垫块,扩大拱脚基础承载面积。通过触探试验数据分析可知,围岩在机械设备、施工人员持续作业振动和扰动下不断弱化,土体承载力大幅度急剧下降。因此,通过采取混凝土垫块扩大土体承载面积,防止扰动液化造成的沉降变形,是一个重要手段。

五、治理效果

在施工中经过采用超前水平真空降水及台阶轻型井点降水、超前劈裂回退注浆、径向回填加固注浆、基底换填、扩大拱脚等综合施工技术后,扰动液化现象得到有效治理,效果如图 7-4-1、图 7-4-2 所示。

图 7-4-1　隧底开挖后级配碎石换填效果　　　　图 7-4-2　钢架施工拱脚采用混凝土垫块

通过在胡麻岭隧道第三系富水低渗透性粉细砂地层大量的方案试验和技术应用,在不断实践、总结、优化、创新的过程中,解决了施工中的水害问题。其中采用综合降水、非液化土置换、隧底补注浆等综合技术,防止并控制了围岩局部扰动液化的问题。

第八章 风险控制与管理技术

兰渝铁路胡麻岭第三系富水弱胶结砂岩地层隧道施工难度极大,该地质状况被专家定性为"国内罕见、世界性难题",在这种富水弱胶结砂岩中修建隧道,存在施工安全、施工质量不易控制、工期长、施工成本不可控等诸多风险。

胡麻岭隧道富水弱胶结砂岩极高风险地质状况下安全、质量管理技术以信息化管理为平台,实现了生产指挥全信息协同办公和施工过程全信息控制,将施工过程全信息实时图形化、可视化,为隧道的顺利修建提供了有效保障。

第一节 安全管理技术

一、技术方案可靠

针对该工程特点和地质条件,在进行综合分析的基础上,由前述章节对施工方案进行优化研究,并对施工对隧道围岩稳定性的影响进行预测分析,以期采用最优的施工方案,包括以下几方面:

(1)大断面富水弱成砂岩隧道施工理念。
(2)基于数值模拟的大断面富水弱成砂岩隧道开挖方法比选,对几种可行的开挖方法进行数值模拟对比分析,并对建议的开挖方法进行细部优化。
(3)富水弱成砂岩隧道挑高段设计施工方案优化。
(4)超细水泥注浆技术方案优化。
(5)超前振动插管地层预扰动注浆固结加固技术方案优化。
(6)帷幕注浆加固技术方案优化。
(7)浅埋隧道地表旋喷加固技术方案优化。
(8)九部双侧壁工法方案优化。

二、施工工艺严谨

1. 超前支护

严格按设计要求控制超前小导管间距、长度、数量,保证超前注浆预加固效果,防止掌子面前方围岩垮塌造成导管外露或岩土从导管缝隙流空;同时控制小导管外插角在5°~10°,避免造成不必要的超挖。

2. 开挖施工

严格控制循环进尺,不得一次开挖过长,开挖后立即对开挖断面进行喷射混凝土封闭,防止围岩条件受风化恶化,初喷后立即快速进行初期支护作业。

3. 初期支护施工

初期支护施工过程中,严控钢架、螺栓、连接筋、钢筋网、锁脚锚管及喷射混凝土等基础工艺质量。

(1)钢架应做好超欠挖、垂直度控制,钢架安装不得侵入二次衬砌断面,脚底不得有虚渣,钢架与围岩间的间隙应采用喷射混凝土喷填密实,钢架喷混凝土保护层厚度设计不得小于4cm。

(2)螺栓应安装紧固无松动。

(3)连接筋必须保证设计间距和数量,内外双层设置,应与钢架翼板满搭接双缝焊,焊缝要饱满,焊缝厚度应不小于0.3d。

(4)钢筋网在钢架内外双层设置,应与钢架连接筋焊接牢固,钢筋网搭接预留长度不小于1~2个网格。

(5)锁脚锚管应弯曲后与钢架翼板焊接牢固,或采用ϕ22"L"形钢筋,不小于5d双面焊接,禁止点焊;锁脚锚管应注水泥单液浆,注浆应饱满密实。

(6)喷射混凝土表面应平顺,无锚杆、锁脚及钢筋外露,平整度应满足不大于10cm/1m;喷射混凝土平均厚度及最小厚度应满足规范要求;初支背后必须喷填密实,不得有空洞;初支喷混凝土严禁侵入二次衬砌净空。

4. 临时支护施工质量控制

(1)CRD各部开挖及支护应自上而下,开挖后及时施作初期支护、中隔壁、临时仰拱,步步成环;同一层左右两部开挖工作面相距不宜大于15m,上下层开挖工作面相距宜保持3~4m,且待喷混凝土强度达到设计强度的70%后开挖相邻部位;宜缩短各部开挖工作面的间距,使初期支护尽早封闭成环。

(2)双侧壁导坑、中槽部位宜采用短台阶法开挖,各部开挖后应及时进行初期支护及临时支护,并尽早封闭成环;双侧壁施工时拱部钢架与两侧壁钢架的连接是难点,在两侧壁导坑施工中,钢架的位置应准确定位,确保各部架设钢架连接后在同一个垂直面内,避免钢架发生扭曲。

(3)根据监控量测信息,初期支护稳定后拆除临时支护,一次拆除长度不得大于10m,并加强监控量测。

(4)临时支护拆除完成后,应及时施作仰拱及二次衬砌。

5. 基底换填施工

富水弱胶结砂岩地层段落隧底开挖后严格按要求采用不小于50cm级配碎石换填,防止运营时基底扰动液化造成仰拱沉降或破坏。级配碎石应严格按照配合比拌和均匀。

6. 仰拱、衬砌施工质量控制

仰拱、衬砌施工过程中,钢筋应规范绑扎,混凝土拌和与浇筑过程严格控制,确保混凝土质量,以保证二次衬砌结构要求。

7. 步距控制

(1) 严控安全步距

富水弱胶结砂岩地层隧道施工中,掌子面、仰拱、拱墙衬砌应尽量紧跟,严禁各步距超标。具体要求如下:

①拱部导坑每循环开挖支护进尺不应大于1榀钢架间距。

②边墙导坑每循环开挖支护不得大于2榀。

③仰拱开挖前必须完成钢架锁脚锚杆,每循环开挖进尺不得大于3m。

④隧底开挖后初期支护应及时施作并封闭成环,隧底封闭位置距掌子面不得大于35m。

⑤二次衬砌距掌子面的距离不得大于70m。

(2) 合理交叉平行作业

严格按照施工工法控制各导坑开挖作业面相互距离,合理组织交叉平行作业,保证围岩与初支结构空间相互作用体系的稳定;同时,已开挖段初支达到设计强度70%后应快速封闭成环,严防工序失衡。

8. 注浆施工控制

根据实际地质状况,对掌子面围岩采用双液劈裂回退注浆加固,超前改善围岩状态和施工条件;对拱墙范围初期支护背后进行径向回填注浆,加固周边围岩;在工程地质条件较差时,如遇掌子面局部涌水、流砂时应进行掌子面局部注浆。

(1) 周边注浆

为防止在开挖过程中周边轮廓范围出现围岩软化、剥落,大面积渗水等情况发生,采用超前劈裂回填注浆提前对周边轮廓进行加固。浆液为水泥-水玻璃双液浆,水灰比(质量比)为0.6:1~1:1,水泥浆与水玻璃比(体积比)为1:1~1:0.6,可在注浆过程中根据实际情况调整。

(2) 径向注浆及隧底注浆

为了加固初支背后围岩、减少自然沉降,使初期支护体系与围岩共同承担应力变化,在初期支护喷射混凝土强度达到100%设计强度后,对初支背后一定范围的岩体和可能存在的空洞进行固结、回填,保证施工质量及施工安全,采用水泥单液浆对初支背后进行径向回填注浆加固。

对于未封闭成环区域,初支背后局部存在空洞或围岩渗水流泥情况严重造成无法进行下部导坑施工时,必要时应采用水泥-水玻璃双液浆代替水泥单液浆对初支背后进行注浆加固。在施作仰拱时应预留注浆孔,在必要时对隧底进行单液注浆加固。

(3) 掌子面局部注浆

当掌子面局部出现涌水时,应立即封闭掌子面,对其及影响范围进行注浆,浆液采用双液浆,注浆长度及加固范围根据实际情况现场确定,浆液配比、压力同周边注浆。

9. 降水施工控制

做好降水工作应保证降水过程的连续性、专一性。降水系统应由专业队伍施工、专人管理维护。降水系统形成后,应保障降水系统连续进行,在降水系统出现问题时,应第一时间维护,尽快恢复正常运转,确保降水工作持续有效。

10. 围岩监控量测控制

(1) 量测数据采集要求。

监控量测观察记录、测点布置及量测频率应严格按照监控量测规范及相关规定，数据采集务必及时、完整。同时，监控量测工作注意突出以下两点：

①测点布置要有针对性。如地表开裂地段，洞内围岩破碎地段、初期支护开裂地段、富水地段等，要在相应部位加密测点。

②观测时段要有针对性。要在易发生变形的时段和部位加密监测，尤其在开挖马口、开挖仰拱等时段变形量大，要重点监测。

（2）根据量测数据预测每个测点可能出现的位移总量和变化速率，综合判断围岩和支护结构的稳定性，并根据变形的等级管理标准反馈施工，及时采取相应处理措施，保障施工安全。

（3）当发现量测数据有异变、突变、量测位移值大于规范允许值时，必须停止施工，立即采取应急预警措施，同时分析原因，采取可靠控制措施。

三、安全技术措施完善

1. 一般性安全技术措施

（1）软弱围岩或围岩破碎地段严格遵循"管超前、预注浆、短进尺、强支护、快封闭、勤量测、早成环"的原则进行施工。施工中严格按设计进行，开挖面平顺，及时进行锚喷支护，充分利用围岩的自稳能力，保证锚喷支护的强度和厚度。

（2）在洞口安设"进洞安全须知"标牌：所有进洞人员必须戴安全帽。施工人员，尤其是电工、电焊工、机械设备操作司机等严格按规定佩戴好防护用品。所有安全用品如安全帽、安全网、安全带等必须经有关部门验收后才能使用。

（3）隧道施工各班组间建立完善的交接班制度。交工班组将工作及安全情况向接工班组详细交代，并记载于交接班记录簿内。

（4）在洞内安置电话，保持洞内、洞外的通信联络畅通。

2. 开挖施工安全保障措施

（1）开挖是隧道安全控制最重要的环节，针对不同的地质情况采用不同的开挖方案，严格控制开挖进尺。

（2）对参加施工的人员进行安全教育，必须经过专业培训和考试，取得合格证后，方予上岗。隧道施工各班组间建立完善的交接班制度。

3. 装渣与运输安全保障措施

（1）各种运输设备严禁人料混装，各种摘挂作业设立专职联络员；进入隧道的内燃机械与车辆，选用带净化装置的柴油机，汽油机械与车辆不进入洞内；装载料具时，不超出装载限界，装运型钢拱架、管棚等长料具时，捆扎牢固。

（2）机械装渣时，坑道断面须满足装载机械安全运转，设置专人指挥，以免机械碰断电线或碰坏已做好的初期支护，确保安全。

（3）在洞口处设置缓行标志，必要时安排人员指挥交通。洞内的车辆、施工机械、模板台车等，在外缘设置低压红色闪光灯，组成限界显示设施。运输车辆在使用前详细检查，不带病工作。行驶车辆保持一定间距，洞内道路经常洒水，加强养护。洞内倒车与转向，做到开灯、鸣笛或有人指挥。

4. 初期支护施工安全保障措施

（1）施工期间,现场施工负责人会同技术人员对各部支护进行定期检查。在不良地质段,每班责成专人检查。加强监控量测,当发现量测数据有突变或异变时,立即通知现场负责人,采取应急措施或通知施工人员撤离危险地段。

（2）锚杆的质量、长度、喷混凝土的质量、厚度,以及钢拱架的安装位置、间距等严格按设计施工。若已锚地段有较大变形或锚杆失效,立即在该地段增设加强锚杆,长度不小于原锚杆长度的1.5倍。用于临时支护的立撑底面加设垫板或垫梁,并加木楔塞紧。

（3）喷层的异常裂缝作为主要安全检查内容,喷层面要平顺,以免应力集中,出现喷层开裂。

5. 衬砌施工安全保障措施

衬砌台车作业地段距开挖作业面拉开一定的距离,台车下的净空保证车辆能顺利通过,并悬挂明显的缓行标志。台车上不堆放料具及其他杂物,混凝土两端挡头板安装牢固。拆除混凝土输送软管或管道时,先停止混凝土泵的运转。

6. 隧道内用电安全保障措施

（1）隧道施工电压采用380V,成洞地段照明采用220V,工作地段照明采用36V。对于较长隧道,采用10kV高压电进洞,在洞内设置移动式变压器,将高压电流变为400/380V,再送至工作地段,变压器在工作面上可移动。

（2）高压电缆架设在离地面5m的高度处,成洞地段架设在衬砌的拱墙上。由变压器出来的低压设置配电箱,箱上加锁,钥匙由电工掌管。220V照明线使用防潮绝缘导线,动力线采用橡皮电缆输送。在全断面开挖地段,洞内电线穿入穿线管,每根电线根据用途做不同的标记,并做好登记,埋在开挖底面下20cm、衬砌边墙内侧处;在分断面开挖地段,开挖下导以上断面时,用木制三脚架靠边架设电线,待开挖下导时移入地下。衬砌后安设瓷瓶与横担固定在边墙上。仰拱先行段在施工仰拱时取出电线,仰拱施工后埋在边墙内侧处,衬砌完成后移上边墙,并做到顺直、美观和绝缘良好。

（3）低压电气设备加装触电保护器,电气设备外露的转动和传动部分,加装防护罩。电气设备的检查、维修和调整工作,由专职的电气维修工进行。防爆电气设备,在安装前由合格的防爆电气检查人员检查其安全性能,合格后方可安装,使用期间定期进行测试与检查。

7. 通风与防尘安全保障措施

（1）施工中的通风符合现行铁路隧道施工规范的要求,并设专职人员管理。无论通风机运转与否,严禁人员在风管的进出口附近停留,通风机停止运转时,人员不靠近通风软管行走并不在软管旁边停留,不将任何物品放在通风管或管口上。

（2）定期检查测定粉尘浓度,放炮前后进行喷雾与洒水,出渣前用水淋透渣堆和喷湿岩壁,在出风口设置喷雾器,喷射混凝土采用湿喷。

四、安全保证措施有效

1. 安全责任体系

要做好工程项目安全管理,首先要健全安全责任体系,工程项目施工现场安全生产责任体系是施工单位和施工现场整个管理体系的一个组成部分,是遏止施工生产事故发生的有效手段,能最大限度地降低安全成本费用支出,提高工程项目经济效益。

建立健全各级各部门的安全生产责任制,定岗定责到位,责任链接到终端,从旁站员、安全员、安全管理工程师、项目经理到集团公司总经理,即从终端向上逐层明确各岗位人员的安全责任。各项经济承包有明确的安全指标和包括奖惩办法在内的保证措施。建立安全风险抵押金制度,项目经理部要预留一定额度的安全风险抵押金。对安全事故责任者除按有关规定处罚外,还要扣除安全风险抵押金。

2. 应急工程管理措施

(1)"一管两包"措施

隧道施工具有一定的风险性,高风险隧道施工风险更高,为了施工人员和设备的安全必须采取现场预防措施。为了预防突发性地质灾害,在隧道内设置 $\phi 800mm$ 应急逃生管道,管道的一端放至距掌子面 10m 的位置,另一端延长至衬砌浇筑完毕处,一旦出现塌方等事件,人员可通过救援管道逃生。

在掌子面后方还要增设"应急工具箱""应急食品箱",如果作业人员被困首先可以采取自救,"应急工具箱"内放入手钳、钢锯、手电筒、钢钎、扳手等常用工具以便在自救过程中使用。"应急食品箱"内放入可供 10 人食用 5 日的生活食品及水,配备一个医药箱预防被困人员受伤,可进行简单的包扎等应急之用。为被困人员等待外部营救创造更多时间及有利条件。

(2)登记翻牌进洞措施

胡麻岭隧道为极高风险隧道,为加强安全管理,规避安全风险,降低施工作业人员伤亡,实施进洞实名登记翻牌措施。为所有进洞人员制作个人信息卡,卡片内容包括:姓名、工种、编号等个人信息,进洞作业时在洞口值班室的"进洞作业人员显示牌"上进行翻牌,并在值班室内接受班前教育,出洞时再将牌翻过来。这样能够准确查出洞内施工人员数量等情况,如果出现险情便于搜救工作的开展。

(3)现场应急滑竿及应急爬梯(绳)的应用

胡麻岭隧道为双线隧道,断面较大,地质复杂,施工方法均采用 6 部 CRD 或 9 部双侧壁,具有分部多,施工人员多的特点,如果遇到突发事件人员逃生是最大的问题。为了人员在紧急时刻能够迅速逃生,避免人员伤亡,特设置了应急滑竿和应急绳为人员逃生创造有利条件,在隔壁的端头安装滑竿及应急绳解决人员多能够立即逃生到掌子面后方安全区域的问题。

(4)应急物资储备及存放

胡麻岭隧道为双线隧道,断面较大,涌水、流砂,收敛沉降较大导致开裂变形,为预防大型塌方出现,对开裂变形、涌水、流砂及时进行处理,在洞内及洞口处进行应急物资的储备,将钢管、工字钢、钢筋网片、枕木、连接筋等备足备用,在出现突发问题时以便及时处理问题,保证洞室的稳定及人员的安全。

(5)洞内应急设施配备

胡麻岭隧道涌水、流砂,日出水量 1200m^3,存在较大的安全隐患。为了避免出现涌水、流砂,为确保施工作业人员的安全,在洞内悬挂应急救生衣,以便在出现涌水时逃生之用,这样可以降低安全风险并保障作业人员在紧急时刻能够进行自救、自逃,减少人员伤亡。

胡麻岭隧道涌水、流砂,开挖断面多,隧道总高度较高,如果突然停电,人员撤离存在安全风险。为了确保在突然停电时人员安全撤离,在洞内安装"应急灯"及"逃生线路指示灯",为作业人员做好应急照明及逃生方向线路指引,保证人员安全、及时、顺利的撤离现场。

第二节 质量管理技术

一、施工过程质量监控的范围及重点

施工过程中质量监控的范围较广,从设计图纸、原材料到分部分项工程施工,每一个环节都不能被忽视,熟悉和掌握监控的范围及重点,有利于事前采取措施,使质量处于预控状态。

1. 设计方案研讨与审核

设计图纸是质量监控的首要环节,图纸是施工的主要依据,因此,在施工前必须认真阅读,了解设计意图,结合工程实际和施工条件,对设计进行适当的优化,保证工程质量并方便施工。

2. 材料质量监控

原材料、半成品的质量监控是质量监控的关键环节,原材料、半成品、成品的质量直接影响工程质量,因而要对它进行监控。不仅要检查进场实物,还要检查质保书,看它的型号、规格、性能等是否符合设计要求,对钢筋、水泥、防水材料等还要根据规定做复试。对易碎、易潮、易变形、易污染的物品,在运输、堆放、安装过程中亦要进行监控。

3. 分部、分项工程监控

分部、分项工程按规定、规程施工是质量监控的主要环节,分部、分项工程质量是单位工程质量的基础,因而质量监控工作应将其作为主要环节来抓。在按图施工和使用合格的原材料、成品、半成品的前提下,工作的重点应放在抓规范、规程、规定施工上,在施工过程中按工序进行控制,出现问题应立即纠正,把事故消灭在萌芽状态。监控应贯穿于施工全过程。交工前的产品保护,也是一项不容忽视的监控目标。

4. 关键部位、薄弱环节监控

关键部位、薄弱环节是质量监控的重点,单位工程的关键部位与薄弱环节是根据工程对象和队伍素质决定的,如隧道开挖支护中的拱架连接是关键部位,隧道结构中的衬砌是个关键部位。薄弱环节有两种含义,一是新技术、新工艺,因是第一次施工,质量无把握,因此要重点控制;二是易发生问题的部位,如中线偏移,开挖过程拱顶掉块,隧道衬砌混凝土施工缝防水等。对关键部位、薄弱环节的重点控制,只要方法对头、措施得力,往往能起到事半功倍的效果。

二、质量监控的方法与手段

质量监控对施工现场来说一般有事前监控、施工中监控和分项工程完成后的监控。还有设计图纸、原材料、半成品、成品等的监控,应在有关分项工程施工前进行,这样能更好地实现事先控制。对于在施工中容易产生的质量问题,则应重点加强过程中的监控,做到随时发现随时纠正,真正做到把质量问题消灭在施工过程中。有些分项工程虽然已经完成,但离整体交工尚有一段时间,在这段时间内对产品若不注意保护,则产品的质量得不到保证,因此在这种情况下还应实行监控,直到交工为止。随着科学的发展,质量监控的方法与手段,必定会越来越完善,逐步走向系列化、科学化。

1. 技术复核

重点应放在定位、引测标、中线、标高、成品、半成品的选用等方面。

2. 隐蔽工程验收

隐蔽工程验收是监控的主要手段,凡属隐蔽项目,必须进行全程监控,如拱架安装连接、钢筋、混凝土等。隐蔽工程验收应按有关规程进行。

3. 材料试验

对钢材、水泥、防水材料,除应检查出厂合格证外,尚须按规定抽样检验。水泥、钢材可检查出厂合格证或试验报告,其他一般材料检查出厂合格证。

4. 抽检

随机检查,它灵活,不受时间条件限制,容易发现问题,发现问题早,整改方便,提检频率也不受限制,是监控的一个有力手段。

5. 班组自检

班组自检是保证质量的根本,只有每个操作者在操作过程中认真自检,认真把关,质量才算有了扎实基础,因此要牢牢抓住,不应忽视。

三、质量管理制度

施工质量出问题,管理必先有问题;管理一旦有问题,质量必定出问题。抓好质量工作,应从管理着手,以制度为手段,做到"教、管、查、罚"全过程管理,所谓施工前做好教育培训交底,施工中做好过程控制管理,工序结束后做到严查细查,对不合格工序及相关责任人进行严厉处罚,坚决避免施工中变形塌方等人祸原因的出现。

1. 制度化管理

制度化管理是抓好施工质量工作的重要手段。质量管理部门应出台施工质量管理办法,明确各级质量责任人相关责任义务,明确施工质量问题处理处罚标准,一级管控一级,层层抓起,常抓不懈,对施工质量问题及相关责任人绝不姑息,严查狠打,做好质量管理工作的制度化保障。

2. 岗前教育培训

岗前教育培训是抓好施工质量工作的重要基础。应对施工现场管理人员及施工班组人员做好岗前教育培训工作,明确各工序施工工艺要求及质量控制标准,加强现场管理人员质量意识,提高施工班组人员作业素质。

3. 过程控制

过程控制是抓好施工质量工作的基本原则。对于施工过程中出现的不良施工行为及质量问题应在第一时间及时发现、及时安排、及时整改,把质量问题消灭在萌芽状态;在工序结束后,应严查细查,对不合格工序立即安排整改或返工处理,同时对相关质量责任人进行严厉处罚。

四、关键工序质量控制技术措施

在胡麻岭高风险隧道施工中,关键工序是超前支护,包括超前小导管(或锚杆、管棚),超前预注浆等方式,加强关键工序的质量控制可以提高围岩强度、自稳能力和止水能力,直接影响下步开挖支护能否顺利进行。

1. 超前小导管施工

施工中应严控超前小导管长度、数量,纵向搭接长度不小于1.0m,应与钢架焊接牢固构成联合支护,防止掌子面前方围岩垮塌造成导管脱落,或岩土从导管间掉落,危及施工安全,同时应控制小导管外插角在5°~10°内,避免不必要的超挖。

2. 超前预注浆

注浆压力应符合设计要求,浆液充满钢管及周围空隙,使超前注浆管及周围岩体形成一个整体,为下一步开挖做足准备工作。注浆结束后,应通过检查孔、物探等方法检查确认注浆效果。

3. 多分部工法开挖步序控制

胡麻岭高风险隧道富水弱胶结砂岩,围岩稳定性差、流水、流泥,所以开挖正洞应尽可能减小开挖面积,如果开挖面积较大时出现管涌现象,基本无法采取有效的封挡措施。采用多分部工法开挖下部断面,开挖尺寸和形状既要考虑满足机械化作业的需要,又要尽量减少下步工序开挖的跨度,CRD工法见"第六章图6-6-6"所示。

(1)一定要利用上一循环架立钢架施作隧道超前支护,然后人工开挖①部土体,并要及时施作初期支护及临时支护,打设钢架锁脚锚管,安设横撑。

(2)①部施工至3~5m距离后,开挖②部,接长钢架,施作初期支护及临时支护。

(3)滞后不小于5m距离,开挖③部、④部土体,施作初期支护及临时支护,使之封闭成环。

(4)④部施工至3~5m距离后,开挖⑤部,接长钢架,施作初期支护及临时支护。

(5)滞后3~5m距离,开挖⑥部土体,施作初期支护,使之封闭成环。

(6)分段拆除底部侧壁临时支护,拆除长度根据监控量测结果分析后确定,一次拆除长度不大于10m。

4. 多分部工法支护质量控制

(1)钢架质量控制

钢架应工厂化制作,检验合格后方可出厂。钢架应按设计分节,尽量减少接头个数,并进行试拼和编号。钢架加工的焊接不得有假焊,焊缝表面不得有裂缝、焊瘤等缺陷,以保证钢架质量。钢架安装应做好标高、横向宽度和垂直度控制;脚底不得有虚渣;螺栓应安装紧固无松动;连接筋必须保证设计间距和数量,与钢架翼板满搭接双面焊,焊缝厚度应不小于$0.3d$;钢架与围岩间的间隙应采用喷射混凝土喷填密实,不得有空洞,以免造成后期沉降、塌方。

(2)锁脚锚管质量控制

下部导坑开挖施工前,应完成上部导坑钢架拱脚锁脚锚管。锁脚锚管应弯曲后与钢架翼板焊接牢固(或采用$\phi22$"L"形钢筋不小于$5d$双面焊接),严禁点焊;锁脚锚管压注水泥单液浆,注浆应饱满密实。

(3)喷射混凝土质量控制

喷射混凝土材料进场必须进行检验;配合比应满足设计强度和喷射工艺的要求,并通过试喷确定。喷射作业应分段,自下而上连续进行;喷射角度应与受喷面垂直,喷嘴与受喷面距离宜为0.6~1.8m;后一层喷射应在前一层混凝土终凝后进行,若终凝1h后再喷射,应先用风水清洗基面;在喷边墙下部及仰拱前,需将上半断面喷射时的回弹物清理干净,防止将回弹物卷入下部喷层中降低支护能力;喷射作业时应变换喷嘴的喷射角度和与受喷面的距离,将钢架、钢筋网背后喷填密实,必要时钢架背后采用注浆充填。

(4)临时支撑质量控制

临时支撑使整个初期支护的质量加强,也是保证整体初期支护完整,减少变形、预防塌方必要的结构,控制好临时支撑的质量需要做到以下几方面内容:

①CRD各部开挖及支护应自上而下,开挖后及时施作初期支护、中隔壁、临时仰拱,步步成环;同一层左右两部开挖工作面相距不宜大于15m,上下层开挖工作面相距宜保持3~4m,且待喷混凝土强度达到设计强度的70%后开挖相邻部位;宜缩短各部开挖工作面的间距,使初期支护尽早封闭成环;周边轮廓应圆顺,避免应力集中。

②双侧壁导坑、中槽部位宜采用短台阶法开挖,各部开挖后应及时进行初期支护及临时支护,并尽早封闭成环;两侧壁导坑超前中槽部位10~15m,可独立同步开挖和支护;侧壁导坑、中部开挖应采用短台阶,台阶长度3~5m,必要时预留核心土。双侧壁施工时拱部钢架与两侧壁钢架的连接是难点,在两侧壁导坑施工中,钢架的位置应准确定位,确保各部架设钢架联接后在同一个垂直面内,避免钢架发生扭曲。

③根据监控量测信息,初期支护稳、仰拱混凝土强度合格后方可拆除临时支护,一次拆除长度不得大于10m,并在拆除过程中加强监控量测,防止应力突然释放,临时支护拆除后要尽快施作二次衬砌。

5. 降水工艺施工质量控制

(1)掌子面真空轻型井点降水质量控制

真空井点降水过程中应控制好以下两方面:

①插入土层的支管必须包双层200目碳纤维滤网。每排支管与主管连接,主管接入真空泵。

②降水过程中,真空负压控制在-0.06MPa以下,如果压力升高,必须对降水管进行逐根排查,看有无漏气,同时必须检查插入地层中的钢管密封是否到位,漏气部位必须采用胶布缠紧。

(2)重力真空深井降水质量控制

深井工艺在富水弱胶结砂岩地质情况下易塌孔,能否顺利成井是深井降水质量控制的关键。

深井施工采用反循环回转钻进,泥浆护壁成孔工艺,也可采用下井壁管、滤水管、填砾料、黏性土等成井工艺。护筒底口应插入原状地层中,管外应用黏性土填实封严,防止施工时管外返浆,在钻进过程中,如发现实际地质情况有变化时,应对井的结构进行及时调整,确保滤水管的安放位置能够有效地进水。轻压慢转,钻进过程中要确保钻机的水平,以保证钻孔的垂直度,成孔施工采用孔内自然造浆,以防止孔壁坍塌;下井管前的清孔换浆工作是保证成井质量的关键工序,为了保证成孔在进入含水层部位不形成厚的泥皮,当钻孔钻至含水层顶板位置时即开始加清水调浆。钻进至设计标高后,在提钻前将钻杆提至离孔底0.50m,进行冲孔,清除孔内杂物,同时将孔内的泥浆密度逐步调至接近1.05,孔底沉淤厚度小于30cm,返出的泥浆内不含泥块为止,施工时清孔换浆工作没有达到规定的要求决不允许进入下一道工序的施工;在采用膨润土封孔时,为防止围填时产生"架桥"现象,围填前需将膨润土做成1~3cm泥球。围填时应控制下入速度及单次填入量,沿着井管周围按少放慢下的原则围填。然后在井口外做好封闭工作;采用"化学药剂浸泡气吹法 + 活塞抽排"洗井。洗井应在下完井管、填好滤料后立即进行,一气呵成,以免时间过长,护壁泥皮逐渐老化,影响渗水效果。绝不允许搁置时间过长或完成钻探后集中洗井。

(3)深孔、浅孔超前水平真空降水质量控制

浅孔超前水平真空降水比深孔超前水平真空降水施作简单、成功率较高,但深孔超前水平真空降水比浅孔超前水平真空降水应用范围大。

①布孔注意不可在开挖轮廓线以内,以防止降水范围太小造成降水不彻底。真空降水钢花管使用双层土工布及 200 目碳纤维滤网包裹严实,不可漏土,外插角不可太大亦不可太小。

②真空降水管施作完成后,及时安装真空泵,真空负压控制在 -0.06MPa 以下,如果压力升高,必须对降水管进行逐根检查,看是否漏气,同时检查插入砂层中的钢管密封部位,如果有漏气现象,采用胶布密封。

6. 注浆施工质量控制

胡麻岭高风险隧道采用超前小导管注浆和双液浆劈裂回退注浆两种注浆方式作为保证隧道施工质量的手段,尤其是双液浆劈裂回退注浆给胡麻岭隧道顺利施工、质量提高带来了极大的帮助。

(1)超前小导管注浆质量控制

胡麻岭高风险隧道富水弱胶结砂岩在开挖时由于受到重力及水压作用,会导致开挖轮廓线周边出现小范围坍塌或涌水、流砂造成的空洞,如果不及时进行处理,会导致整个开挖面及周边形成大范围塌腔,严重时亦可导致安全事故的发生,所以在开挖掘进前,有必要对这类围岩采用超前小导管注浆支护,使开挖面周边轮廓线处于固结状态,有利于开挖掘进,而且可以很好地控制超欠挖,给后续施工提供安全质量保障。

为保证超前小导管注浆质量,应先将掌子面喷射混凝土封闭 $5\sim10\text{cm}$,注其中一根孔时应将相邻注浆孔阀门打开,如有窜浆再关闭,浆液流入注浆机须有过滤网过滤,以免有渣子流入机器及造成注浆管堵塞,注浆口最大压力严格控制在 0.5MPa 以内,以防压裂工作面。控制进浆速度,一般每根导管双液总进量控制在 30L/min 以内。每根导管内注浆量由计算确定,若压力上升,流量减少,虽然注浆量未达到计算值,但孔口压力已达到 0.5MPa,结束注浆。

(2)双液浆劈裂回退注浆质量控制措施

双液回退劈裂注浆的施作应做好注浆管的制作、布孔的选择、浆液配比参数设置、压力的控制以及注浆工艺质量的控制管工作。

7. 高压水平旋喷的施作质量控制

旋喷桩可以很好地解决胡麻岭高风险隧道饱和粉细砂围岩在隧道施工过程中产生的诸多病害,但控制旋喷钻杆退至初期支护进行补浆作业和控制不塌孔防止断桩作业是保证高压水平旋喷桩质量完好的两个重要控制措施。

(1)补浆

当钻杆退至喷射混凝土位置后停止喷射,将钻杆退到阀门和止水装置之间,关闭孔口阀门退出钻杆并卸下钻头,然后将钻杆插入止水装置,打开管壁泄流阀孔口阀门进行补浆,补浆不但要控制浆液的流速还要控制注浆的压力,流速太快浆液无法均匀扩散,如果加大注浆压力,只能产生劈裂注浆效果,浆液常呈片状或脉状扩散,不能起到挤压密实的效果,很难将粉细砂

固结成整体,无法形成封闭的止水帷幕,所以补浆一般根据钻孔长度按每米 $0.3m^3$ 施作而注浆压力达到 0.8MPa 即可。

(2)孔口止水装置防止塌孔、断桩

分析水平旋喷桩断桩、桩径不均匀,咬合不完全等缺陷,笔者认为出现断桩的原因主要是塌孔造成,按照垂直旋喷桩成桩原理,旋喷桩护壁由水泥浆的黏度,密度和因自重对围岩的反压进行护壁,但水平旋喷由于没有对上方围岩进行反压,有可能在旋喷退出钻杆后上方突然垮塌将浆液挤出从而导致断桩。并且在旋喷过程中由于浆液自重影响,局部位置浆液流出造成桩径不均匀和咬合不完全。采用孔口止水装置的目的是人为对流浆进行控制,即保证将置换出的细颗粒流出,又保证大部分浆液停滞在钻孔内,还能对上部围岩进行反压从而达到护壁的效果,最后在旋喷完成后进行补浆,从而达到浆液充分填充钻孔的目的。

第三节 施工组织与信息化管理技术

一、双侧壁工法施工组织

1. 人员组织

九部开挖、支护各部作为一个独立的施工单元,专一进行施工组织,最多 5 个工作面同时开挖、支护,①、③部超前进度慢,设置 4 个工班,其余各部设置 3 个工班,共 17 个班组,循环作业,另外配置喷混凝土 3 个工班,注浆、降水、出渣各 2 个工班,钢加工、二次衬砌各 1 个工班。

泄水洞富水弱胶结砂岩地段开挖、支护设置 4 个工班,台阶法施工;泥岩段开挖、支护设置 2 个工班,全断面法施工,另外配置 2 个出渣工班,钢加工工班与正洞共用。

2. 施工循环时间

以进度指标 14.5m/月为例,2m 为一个小循环,平均用时 78h,其中降水用时 36h(钻孔和安装等用时 3h,降水用时 33h);注浆用时 6h(一次注浆 4m,开挖 2m,钻孔 2h,注浆 4h);开挖、支护 36h(一次开挖、支护 0.5m,用时 8h,1m 一次超前支护,每次用时 2h)。8m 为一个大循环,平均用时 396h,其中 4 个小循环用时 312h,一次超前水平真空降水施工用时 24h,拆除 8m 临时支护用时 48h,干扰影响时间 12h。折算月进尺 14.51m,取 14.5m,见表 8-3-1。

胡麻岭隧道九部双侧壁法施工人员配置表　　　　表 8-3-1

序　号	工　种	工班数量	人员数量
1	管护人员		15
2	开挖支护工班	17	102
3	喷浆班	3	15
4	注浆工班	2	24
5	降水工班	2	21
6	衬砌工班	1	24
7	后勤工班	1	50
合计			214

二、信息化管理技术

在铁路建设项目上应用信息化手段,主要是指应用推广信息化管理,目的是在建设过程中,以现代网络、通信、电子设备等信息技术手段为载体,实时了解掌握项目进展情况,对施工过程进行有效监控和管理,进行网上办公。为此,利用铁路建设项目管理信息系统(简称 RCP-MIS),实现协同办公、过程控制和综合分析展示。

1. 生产指挥全信息化协调办公

在标段指挥部和隧道各洞口之间,实现公文流转和信息发布,实现制度化的视频会议、QQ群、飞信、语音网络电话(VOIP)等沟通协同辅助工具。

2. 施工过程全信息控制

主要有进度控制、质量控制、风险控制、投资控制和环水保控制等施工过程信息控制。其中进度控制包含施工组织、工程调度、形象进度等内容;质量控制包含拌和站监控、试验室管理、现场质量控制、问题库管理、质量验收和第三方检测等内容;风险控制包含含围岩量测、超前地质预报、视频监控、RFID 施工人员安全管理、PDA 数据采集及人员管理等内容;投资控制包含合同管理、验工计价管理、计划统计管理、财务系统以及投资分析管理等内容;环水保控制包含《环境影响报告书》《水土保持方案报告书》《文物普查报告》及批复意见,相关法律、法规及文件,环水保体系运行质量记录,工点原生态录像及照相资料等内容。

在现场工艺控制过程中,开发了隧道变形控制、桥梁线形控制、现浇梁温度控制、测量平差软件以及测量数据管理等工具软件。大量应用了信息化手段和方法,有效提高了数据采集的可靠性。

3. 全信息分析、查询、应用及实时展示

对施工过程全信息进行综合分析、处理,采取图形化、统计报表方式实时展示。围绕调度报表、投资、进度、质量、安全风险等建立综合查询统计功能,将施工过程全信息实时图形化、可视化。经过数据分级管理与可视化加工形成专业化应用数据。

以混凝土拌和站动态监控管理系统为例:

(1)登录界面,输入账号,密码。

(2)查询系统,点击拌和机组,进入单机拌和信息。(1号、2号拌和机组)<首页>可以查询每个机组信息。<动态监控>可以查询拌和时间监控和材料用量监控。<统计分析>可以查询产能分析、拌和时间查询、用量查询、误差分析、成本核算、生产量核算、设计生产量、超标查询。

4. 信息化管理综合效果

胡麻岭隧道富水弱胶结砂岩地质状况下安全风险极高,其质量管理技术以信息化管理为平台,实现生产指挥全信息协同办公和施工过程全信息控制,将施工过程全信息实时图形化、可视化,为隧道顺利建成提供了有效支持。

三、建立现场联合工作组机制

鉴于胡麻岭隧道安全风险极高、工程地质复杂、现场情况多变,经常出现突水涌泥等危及安全的特殊情况,现场需尽快制定处置方案,因此由建设单位牵头,组织施工、设计和监理单位组成联合工作组,工作组成员常驻现场,合署办公,优势互补,联合攻坚。

  联合工作组进驻现场后,深入各道工序,研讨技术方案,优化施工组织,先后调整了帷幕注浆加固范围和浆液类型、增加了泄水平导、整合了现场资源,实现了管理干部带班作业,为胡麻岭隧道顺利贯通提供了保障。

第九章 结 论

一、第三系富水弱胶结砂岩的地层性质和围岩工程特征

1. 地层性质特殊

第三系富水弱胶结砂岩岩基本物理力学性能如下：

粉细粒结构，极弱胶结；具有敏感的水稳特性；天然含水率大，渗透系数低；地层的孔隙率较高，细度模数小(0.5~0.7)等。

2. 地层性态变化显著

地层天然含水率较高，塑限含水率为11%~16%，液限含水率为30%。

地层不同含水率状态下性状变化显著：天然含水率下的围岩汗状渗水；含水率达到11%~16%时围岩呈软塑状；含水率达到16%~30%时围岩呈流塑状；含水率大于30%呈流砂状。

3. 围岩工程特征罕见

胡麻岭隧道富水弱胶结砂岩地层，受地下水的影响严重。视地下水情况不同，存在开挖后汗状渗水、流塑状态挤出或涌水、流砂的不同工程性状。

（1）围岩汗状渗水

含水率达到11%~16%时围岩由固态向塑态转变。围岩开挖后受地下渗流作用，在5~20min内产生发汗性渗水，渗水影响围岩表面软化为流泥状，围岩受渗水浸泡软化，岩面持续层层剥离，开挖及支护施工困难。

（2）围岩流塑状

含水率达到16%~30%时围岩转变为流塑状，流塑状围岩从掌子面或初期支护背后挤出，可挤出几十厘米到几米。

（3）围岩涌砂状

在遇水囊、溶腔、岩溶通道或地下河时，会突然间形成突水、涌砂，造成塌方、支护变形破坏，甚至造成机械设备损坏和人员伤害事故。

（4）围岩易扰动液化

受施工人员、设备持续振动和扰动，会产生扰动液化现象。造成施工困难、设备陷入液化

围岩中无法移动，可导致结构沉陷变形、仰拱开裂。

围岩开挖后基本在5～20m内产生发汗渗水，在渗水影响下，围岩表面由湿调状态逐渐泥化，随渗水一起汗状流淌。

4. 围岩汗状渗水、流塑状态挤出和流砂机理

汗状渗水：围岩在开挖后，临空面随之产生，破坏了围岩的原始状态，也破坏了孔隙水的稳定渗流或静水压力平衡状态，孔隙水在水力梯度作用下从临空面上不断渗出与积累，造成临空面位置土颗粒悬浮于临空面渗水中，形成临空面液化区；随着临空面液化区不断向土体内部发展，临空面液化区所受重力作用大于液化区表面张力后，临空面液化区持续或间断向下流淌，形成汗状渗水。

流塑状态挤出：流塑状态产生的机理为土体含水率达到塑限，土体在重力或压力作用下由固态转变为塑态，即发生塑态流动。

流砂：当掌子面水力坡度大于粉细砂颗粒的临界水力坡度时，粉细砂粒即形成涌水、流砂现象。

二、第三系粉细砂岩隧道围岩含水率与稳定性的关系

1. 围岩变形与降水时机的关系

围岩沉降收敛变形与围岩降水时机有直接关系，围岩变形与含水率基本呈线性正比关系，在围岩含水率增大时围岩变形量增大，提早进行围岩降水施工有利于控制围岩收敛及沉降变形。

2. 降水前后施工进度对比

（1）在未降水施工的情况下，开挖支护施工极为困难。施工进度最快为7.4m/月，最慢为0.5m/月，平均月进度仅为3.7m/月。

（2）超前降水工作有利于超前改善围岩状态，围岩含水率降至11%以下状态时，可以有效控制汗状渗水，同时减少围岩发生流塑状态的概率，增强围岩自稳能力，可保证隧道正常掘进施工，平均月进度可达20m/月。

三、第三系富水弱胶结砂岩地层降水疏干与注浆加固围岩的多分部施工方法

1. 盾构法和冻结法

本工程采用盾构和冻结法方法理论上是可行的，但因隧道中部地形和施工过程组织存在实际困难而放弃；当隧道顶部100m以上承受富水砂层承受荷载时，存在一般管片和冻结圈承载能力不足的风险。

2. "胡麻岭方法"

单纯采用新奥法在胡麻岭隧道施工是不合适的；新意法安全性高、进度略占优势、但费用高；矿山法施工难度也极大。因此，研究选择上述三种方法各自长处，既选择了新意法中"运用超前支护和加固措施减小或避免围岩变形"的理念，又选择了新奥法中"尽快使支护结构闭合"的理念，也选择了矿山法"按分部顺序采取分割式一块一块的开挖，并要求边挖边撑以求安全"的理念，形成降水疏干和注浆加固围岩的多分部综合方法，简称"胡麻岭方法"。

3. 降水疏干和注浆加固围岩的多分部综合方法

经过工程实践提出了降水疏干和注浆加固围岩的多分部综合方法,即:采用六部 CRD 或九部双侧壁施工工法,辅以洞内洞外综合降水措施,在降水未达到预期效果的局部地段,采用超前双液劈裂回退注浆或帷幕注浆加固方案预防和治理涌水、流砂。

四、渗透性极低地层洞内外施工综合降水技术

地下工程施工中,采用地表井点降水或洞内降水比较普遍,但未见同时采用洞内和洞外井点降水。浅埋含水砂层隧道施工降水井深度一般小于 100m,本工程在极低渗透性地层中地表降水深度多数在 100m 以上,最大深度达 286m。

1. 渗透性极低地层洞内外施工综合降水技术

针对围岩的不同基本特征和不同性状,施工中经过试验总结,形成了洞内台阶斜向轻型井点降水技术、掌子面超前水平真空降水技术、洞内隧底重力深井负压降水技术、地表浅井重力式降水技术、地表深井重力式降水技术、地表超深井重力式降水技术、洞内外综合(组合)式降水技术。

(1)针对该地层含水率高、渗透性低、围岩疏干困难的特点,地表井点降水是首选。只有地表井点降水可达到长距离提前疏干地层地下水的目的。常用地表井点井深在几十米,低渗透性地层井点间距小,降水成本高。考虑到该种地层隧道施工的难度,第三系富水弱胶结砂岩地层 100m 以内也应视地表井点降水为首选。

(2)地表超深井井点降水技术要求高、成本高。在低渗透性地层中,本成果成功实现了长区段、大批量的超深井降水,相对于洞内各种降水方式,其降水效果好、施工综合成本低。在井点施工技术许可的条件下,特别是遇水囊、溶腔、岩溶通道或地下河时,优先选用地表超深井井点降水。

(3)洞内综合降水是短距离疏干地下水的易操作方法。由于开挖掌子面自身的渗流作用,上台阶开挖后,下台阶会渗水、隧底会积水,在无地表降水或地表降水效果不好时,洞内降水疏干是必要的。因粉细砂地层中的粉粒易堵塞孔眼,长距离超前降水是困难的。因此,本工程总结形成了洞内台阶斜向轻型井点、掌子面超前水平短管真空降水和隧底重力深井负压降水技术。

2. 渗透性极低地层洞内外施工降水超前时间规律

在施工中经过综合降水后,围岩汗状渗水、流塑及流砂现象得到有效治理。其中,洞内超前水平真空降水应在开挖前 3d 进行,洞内台阶轻型井点降水及重力深井负压降水随时跟进,洞外地表重力式深井降水应超前 15d 进行,方可稳定控制围岩含水率在 10%~11% 范围,达到预期降水效果。

3. 渗透性极低地层地表超深降水群井的成功实践

2013 年 11 月 29 日~2013 年 12 月 12 日在 3 号斜井挑顶段 DK77+256 隧道中线处成功施作地表超深井 1 座,井深 192m,钻井成功,出水量 23m³/d。

在 1 号与 2 号斜井间正洞地表共设置 200m 以上降水井 22 口,在极低渗透性地层中,地表降水最大深度达 286m。

五、大埋深软流塑及流砂地层的围岩加固技术和工法

1. 关键施工技术

总结形成了七种关键施工技术。即：双液回退劈裂注浆施工技术、隧道径向超细水泥注浆技术、超前振动插管地层预扰动注浆固结加固技术、帷幕注浆加固技术、第三系砂岩斜井挑高段施工技术、浅埋隧道地表旋喷加固技术和九部双侧壁工法技术。

（1）针对围岩汗状渗水，综合降水未达到良好效果时，需采用超前浅孔劈裂回退双液注浆加固技术。

（2）针对流塑状围岩挤出及流坍，综合降水未达到良好效果时，需采用帷幕注浆加固或水平旋喷与帷幕注浆联合加固技术，才能有效保障围岩的稳定性。

（3）采用综合降水、非液化土置换、隧底补注浆等综合技术，防控围岩局部扰动液化，效果良好。

2. 施工工法

（1）大断面浅埋极软岩富水界面施工工法。

（2）第三系粉细砂岩扰动破坏后固结圈施工技术。

（3）富水第三系粉细砂岩斜井挑高段施工工法。

（4）软弱岩体改制机具开挖施工工法。

（5）双液回退劈裂注浆施工工法。

（6）水平旋喷核心土超前预加固施工工法。

（7）低渗透性地层劈裂注浆深孔均匀性注浆技术

采用前进式钻孔和水平旋喷注浆工艺，即注浆工艺采用前进式分段注浆，分段长度原则为：每钻孔 7~10m 进行一次注浆。水平旋喷注浆管采用 $\phi32$ 无缝钢管制作，单孔可根据钻孔地质情况下插入 2~3 根长短水平旋喷注浆管，提升浆液分布均匀性。

六、存在问题及展望

1. 第三系富水砂岩地层性质和围岩工程特征特殊性的认识

第三系富水砂岩地层天然含水率高、不同性状变化显著，含水率不同可表现为硬塑、软塑、流塑及流砂状；相应隧道开挖面表现为围岩汗状渗水剥落、围岩软塑状挤出、围岩流塑状流出和围岩涌水、流砂。该种地层在甘肃陇东区、陇西盆地有较为广泛的分布，在我国其他地区也有少量分布。

因此，该特殊地层在隧道选线中要尽量避免；不可避免时，不可按现行隧道设计规范中的围岩分级和参数及施工方法设计，应专题研究。

2. 其他

在施工过程中，虽然经过反复探索、试验、研究、改进施工工艺和方案，采取各种措施进行试验性尝试，但是还有许多内容需进一步深入研究，例如：

（1）提出的水害治理措施，工程措施繁杂，相互制约，对隧道施工进度存在一定影响，在今后的施工中需要不断地、科学地优化施工组织。

(2)胡麻岭隧道第三系富水弱胶结砂岩地层在施工人员和设备动荷载作用下存在扰动液化现象。在列车运营动荷载作用下,能否产生振动液化现象,以及基底振动液化后的处理措施需要进一步研究和分析。

(3)隧道施工方法及辅助方法,实际为各种方法的综合,一定程度上存在着工序交叉和作业干扰,影响施工进度。

(4)本书未考虑围岩随时间流变蠕变对结构的作用影响,在以后的研究中应加以探究和分析。

参 考 文 献

[1] 余朝阳.雪峰山隧道小间距穿越软塑地层技术研究[J].铁道建筑,2008,5:44-49.

[2] 李世才.桃树坪隧道富水未成岩粉细砂预加固施工技术[J].现代隧道技术,2011,48(2):116-119.

[3] 张学文.桃树坪隧道穿越富水弱胶结砂岩地层双导洞超前法施工技术[J].隧道建设,2016,36(5):577-584.

[4] 周书明,陈建军.软流塑淤泥质地层地铁区间隧道劈裂注浆加固[J].岩土工程学报,2002,24(2):222-24.

[5] 黄俊,杨小丽.暗挖区间隧道穿越软弱地层施工技术[J].铁道建筑,2003,10:59.

[6] 梅江兵.软流塑地层浅埋暗挖法地铁隧道设计与分析[J].都市快轨交通,2009,22(4):70-73.

[7] 彭红霞,王怀东,高姝妹.软流塑地层盾构穿越夹岗过街涵群桩处理关键技术[J].隧道建设,2013,33(9):780-784.

[8] 周石喜,张家元.建筑物下软流塑地层浅埋暗挖隧道施工技术[J].四川建筑,2007,27(2):208-214.

[9] 罗志华.建筑物下软土地层隧道施工技术[J].国防交通与技术,2003,5:50-54.

[10] 李永宝.采用大管棚超前支护技术穿越软-流塑地层[J].西部探矿工程,2003,1:87-88.

[11] 谢晋水.地铁隧道用暗挖法穿越建筑群下的软流塑地层[J].铁道建筑,2004,9:17-20.

[12] 周书明,佘才高,张先锋.南京地铁软流塑地层浅埋暗挖隧道综合施工技术[J].都市快轨交通.2005,18(2):39-446.

[13] 李凤蓉.城市地铁穿越软流塑地层段的设计施工技术[J].隧道建设,2007,27(1):51-54.

[14] 梁富清.地铁暗挖隧道穿越软-流塑地层加固技术研究[J].国防交通工程与技术,2007,1:55-56.

[15] 宋玉香.软流塑地层注浆材料的试验研究[J].建井技术,2006,27(3):27-29.

[16] 张旭芝,符飞跃,王星华.南京地铁软-流塑淤泥质地层劈裂注浆试验研究[J].水文地质工程地质,2004,1:67-70.

[17] 杨树才,杨旭,程曦,等.软流塑淤泥质粉质黏土地层注浆加固试验研究[J].东南大学学报,2011,41(6):1283-1288.

[18] 孙子正,李术才,刘人太,等.软流塑地层注浆加固作用定量化研究[J].岩石力学与工程学报.2016,35(增1):3385-3392.

[19] 周顺华,张先锋,佘才高,等.南京地铁软流塑地层浅埋暗挖法施工技术的探讨[J].岩石力学与工程学报,2005,24(3):526-531.

[20] 张凯,冯科明.某基坑出现流砂局部失稳原因分析及处置[J].岩土工程技术,2017,2:105-109.

[21] 梁燕,谭周地,李广杰.弱胶结砂层突水、涌砂模拟实验研究[J].西安公路交通大学学报,:1996,16:19-22.

[22] 许德龙,郭宗河,张海波.管棚注浆预支护技术在富水砂层地铁施工中的应用[J].青岛理工大学学报,2015,36:19-24.

[23] 张孝伟.饱和粉细砂地层隧道处治对策研究[J].山西建筑,2015,24:166-167.

[24] 展宏跃.重载铁路隧道穿越富水砂层综合施工技术研究[J].铁道标准设计,2017,4:111-115.

[25] 孙付峰,刘涛,雷刚.新意法在富水砂层的适用性研究[J].现代隧道技术,2014,1:171-178.

[26] 吴全立,刘招伟,张文强.富水粉砂土层超浅埋近距离双洞隧道施工[J].施工技术,2004,33(10):18-20.

[27] 张帆.富水砂层隧道围岩止水施工技术[J].石家庄铁道学院学报,2005,18(1):99-102.

[28] 彭振华,闫朝涛,孟庆军.井点降水在富水粉砂地层隧道施工中的应用[J].西部探矿工程,2004,12:118-120.

[29] 朱新华.中深孔注浆技术在饱和富水砂层浅埋暗挖地道中的应用[J].铁道标准设计,2005(4):56-58.

[30] 南琛,张民庆.饱和动态含水砂层浅埋隧道施工中的注浆技术[J].世界隧道,2000,1:14-18.

[31] 张民庆,张文强,孙国庆.注浆效果检查评定技术与应用实例[J].岩石力学与工程学报,2006,25(增2):3909-3918.

[32] 吴生金,等.厦门翔安海底隧道穿越富水砂层施工技术[J].岩石力学与工程学报,2007,26(2):3816-382.

[33] 王志伟,张淑杰.饱和砂土和粉土振动液化的危害与防治[J].青岛远洋船员学院学报,2003,2.

[34] 钟贻军,牟崇元.砂土振动液化危险性分析方法比较研究[J].岩石力学与工程学报,2001,20(1):87-89.

[35] 高金川,孙亮,刘超庆.武汉市饱和粉、砂土的振动液化性分析研究[J].探矿工程(岩土钻掘工程),2008,6.